탄탄하게
시작하는
**진짜
경매공부**

* 이 책의 이론만으로 입찰에 참여한 결과에 대해
저자는 법적책임을 지지 않습니다.
입찰 전에 반드시 전문가와 상의하시기 바랍니다.

본 도서는 2014년에 발행된 《쌩초보가 고수되는 경매수업》과
《태어나서 처음하는 진짜 경매공부》의 개정판입니다.

탄탄하게 시작하는 진짜 경매공부

서승관 지음

기초부터 실전까지
아낌없이 공개한 **진짜 경매**

나비의 활주로

프롤로그

부동산경매,
이론부터 다져라

경매 책을 처음 출간한 지도 벌써 11년이 지났다. 처음 출간했던《쌩초보가 고수되는 경매수업》그리고 그 이후 출간한《태어나서 처음하는 진짜 경매공부》. 이 책들을 발행하기 이전에도 이후에도 서점에는 무수히 많은 경매 관련 도서가 나왔지만 그 많은 책을 집어 든 나에게는 언제나 의문이 있었다.

'이런 쇼맨십 책을 읽고 과연 경매를 할 수 있을까?' 19년 이상 '경사모 경매 학원'을 운영하면서 5천여 명 이상의 수강생을 만나왔지만 그들의 공통된 질문 중에는 역시 시중에 나와 있는 책에 관한 내용이 많았다.

'왜 책마다 이론이 조금씩 다른가?' 지금은 필자가 처음 책을 출간했던 그 시절보다는 엉터리 책들이 많이 줄긴 했지만 여전히 엉터리 강의와 책이 판을 친다.

실제로 너무 많은 책이 서점에 깔려 있다 보니, 정말 다양한 입장과 견해를 접하게 된다. 어떤 저자는 정말 잘못된 지식을 나열하기도 했고, 어떤 사람은 반만 맞게 쓰기도 했다. 과거에는 옳았지만 현재는 틀린 정보도 많았다. 왜 이렇게 엉뚱한 내용의 책들이 난무하는지 곰곰이 생각해보니 아마도 예전에 나온 책을 그대로 베껴서가 아닌가 싶다.

강의를 하는 입장에서도 경매는 어렵다면 어렵고, 쉽다면 쉽다고 할 수 있는 분야다. 이러한 혼란 속에서 조금이나마 경매를 하는 데 도움을 줄 책을 만들고 싶어 출간한 것이 바로 이 책이다.

책을 쓴다는 것이 시간과 노력을 보통 요구하는 게 아닐뿐더러 강의를 하며 수강생들과 술자리 갖는 것을 즐기다 보니 새로운 개정판도 이제야 나오게 되었다.

이 책에서는 부동산시장에 관한 기본적인 이해를 돕기 위해 과거의 상황과 현재의 상황을 서론에서 다루고 앞으로의 부동산시장을 감히 예견해 본다. 부동산시장의 흐름을 먼저 이해해야 경매투자도 가능한 것이다. 실전 사례나 흔히 이야기하는 돈 번 경험에 대한 내용은 배제하였다. 그런 사례들이 전혀 도움이 되지 않는다고 말할 수는 없지만 경매를 처음 배우고자 하는 사람들에게는 무엇보다 이론이 더 중요하다고 생각하는 게 필자의 입장이다. 법을 다루는 내용이다 보니 낯설고 어려운 용어들이 많지만 이 책에서는 최대한 쉽게 풀려고 노력했다.

이 책은 부동산경매에 입문하는 사람들을 위한 책이다. 최대한 쉽게 풀어 쓰려고 노력했지만 책만 보고 부동산경매라는 분야를 마스터한다는 것은 어려운 일이다. 따라서 소설책 읽듯이 훑어 읽기보다는 1장부터 차근차근 정독하면서 공부하기를 바란다. 이 책을 통해 경매를 쉽게 배우고 쉽게 접근하는 계기가 되길 바라지만, 가급적 오프라인 강의를 통해 쌍방향의 교육을 받으면서 자신의 멘토를 찾는 것이 좋다.

그리고 이 책의 내용 중 사전적 의미에서 법률 해석과 다른 부분이 있을 수 있다. 이는 초보자의 시선에 맞춘 해석이므로 참고하길 바란다. 실전 사례(유형별 투자방법)와 상가, 공장, 토지 등의 특수물건에 관한 내용은 실전편에서 다룰 예정이다.

경매는 부동산매매의 한 방법일 뿐이니 수단으로 가야 하고 목적으로 가면 안 된다는 것을 주지하고 싶다.

서승관

CONTENTS

프롤로그 · · · · · 04

1장 | 부동산경매를 시작하기 전에 꼭 알아야 할 것들 · · · 13

현재 부동산시장은 과부하 상태일까? · · · 14
부동산투자에도 적기가 따로 있다? · · · 20
부동산경매, 어떻게 접근해야 할까? · · · 25
부동산경매 컨설팅업체, 과연 내 편일까? · · · 33
부동산경매, 소액으로도 할 수 있다 · · · 37

2장 | 부동산경매, 어떻게 진행되는가? · · · 41

경매의 정확한 의미와 종류 · · · 42
누구나 알아야 할 경매 전 절차 · · · 47
매각물건명세서를 모르면 경매를 할 수 없다 · · · 51
부동산경매에도 절차가 있다 · · · 54

3장 부동산경매 전, 등기부등본부터 파헤쳐라 ... 63

부동산 등기부등본이란 무엇인가? ... 64
표제부, 부동산의 소재지와 현황을 담다 ... 68
갑구에는 무엇이 담겨 있는가? ... 71
을구, 소유권 이외에 관한 사항을 담다 ... 80

4장 부동산경매의 꽃, 권리분석을 확실히 하라 ... 87

채권과 물권의 개념을 바로 알자 ... 88
부동산경매의 기초, 말소기준권리의 이해 ... 97
전세권도 말소기준권리가 될 수 있다 ... 101
말소기준권리보다 후순위 권리들은 전부 소멸할까? ... 107

5장 알아두면 돈이 되는 주택임대차보호법과 상가임대차보호법 — 123

- 주택임대차보호법, 제대로 알아야 제대로 보호받는다 — 124
- 임차인은 대항력과 우선변제권을 갖춰야 한다 — 127
- 임차인이 경매 절차에서 못 받은 보증금, 어떻게 될까? — 131
- 주택임대차 계약에서 계약의 갱신은 언제까지? — 134
- 상가임대차보호법의 적용 범위 — 143

6장 권리분석의 기초, 배당 차근차근 도전해 보자 — 151

- 배당을 정확히 알아야 낙찰가를 산정할 수 있다 — 152
- 소유자가 임차인으로 바뀌는 점유개정 — 166
- 소액임차인은 일부 보증금을 보호받는다 — 169
- 배당순위는 어떻게 될까? — 176
- 임차인과 세금의 배당관계(feat. 순환배당) — 179
- 사례를 통해 배우는 가압류의 안분배당 — 182
- 건물 전체와 건물 일부 전세권자의 배당 방식 — 189
- 배당 문제, 직접 풀어보자 — 194

7장 부동산경매 실전투자, 이것만은 꼭 확인하라 — 213

전입세대열람, 경매의 기본 서류다 — 214
무상거주확인서란 무엇인가? — 218
낙찰자는 부동산의 부합물과 종물도 취득한다 — 222
혼동을 혼동하지 마라 — 227
이전 경매부터 점유하고 있는 임차인이 있다면? — 234
토지와 건물의 소유자가 다른 법정지상권 — 241
법정지상권을 파악할 때 차지권도 파악하라 — 259
임야에 발생하는 분묘기지권 — 262
유치권이란 어떤 권리인가? — 267
명도, 알고 보면 어렵지 않다 — 279
수익률을 꼭 계산해보라 — 292

| 1장 |

부동산경매를 시작하기 전에 꼭 알아야 할 것들

현재 부동산시장은
과부하 상태일까?

이 책의 초판이 발행된 2014년 초 당시에는 부동산시장에 대해 회의적인 부분이 많았다. 부동산 전문가 중에서도 그렇게 주장하는 이들이 많았고, 실제로 부동산가격이 가장 크게 떨어지기도 했다. 당시 강남 30평대 아파트 가격이 8억 정도였다고 이야기하면 굉장히 억울해하는 사람들이 많다. 그 당시 필자가 강의 중 "조만간 강남은 평당 1억 아파트가 나올 것입니다."라고 얘기하니 코웃음을 치는 수강생들도 많았던 시기였지만 이후 부동산시장은 차츰 올라 2020년 말에는 부동산가격이 정점을 찍는 상황이 나왔고, 러시아 우크라니아 전쟁으로 인한 원자잿값 상승 및 인플레이션으로 금리가 인상되면서 잠시 소강상태를 보였지만, 23년 이후 다시 부동산시장은 치고 올라가 현재(25년 10월 기준) 역대급 신고가를 갱신하게 되었다. 2014년 이후 부동산가격이 계속 상승해 왔지만 상승을 하더라도 내림과 오름이 엎치락뒤치락했다는 점을 명심하기를 바란다.

부동산경매를 시작하기 전에 꼭 알아야 할 것들

그렇다면 앞으로 부동산시장은 어떻게 흘러갈까? 과거 2008년 미국발 금융위기(서브프라임모기지 사태) 이후 불안한 경제 상황과 미국의 금리 인상 및 정책으로 인해 일본과 같은 길을 걷게 되지는 않을까 하고 우려하는 목소리가 높았지만 이는 미국과 우리나라의 금융구조를 모르고, 부동산이 경제에 얼마나 크게 영향이 미치는지 모르는 사람들이 하는 이야기였다.

일본의 잃어버린 10년을 보고 배우다

일본의 부동산시장이 침체한 가장 큰 원인은 무엇이었을까? 결론부터 이야기하자면 부동산가격 하락의 전체 배경에는 일본 경제의 하락이 있었다.

1960~1970년대에 일본은 미국과 맞먹을 정도로 그야말로 고속 성장을 이어갔다. 게다가 일본은 경제성장을 위해 고환율정책을 채택함으로써 엔화를 저평가해 무역흑자를 이어갔다. 반면 미국은 반대의 상황을 맞이했다. 수출품이 비싸지면서 수출이 힘들어졌고 미국 기업들이 가만히 있지 않았다. 결국 미국은 일본, 독일 등의 동맹국들을 설득해

1985년 달러 가치를 하락하는 플라자합의를 체결했다.

그러자 체결 일주일 만에 엔화는 8%, 마르크화는 약 7%가 평가 절상되었다. 이후 미국은 불황에서 벗어날 수 있었지만 수출에 90%를 의존하는 완전 수출형 국가인 일본은 환율 인하로 인해 가격경쟁력이 급격히 떨어지면서 각 기업의 매출이 급감했다. 이때 최대의 수혜국은 한국이었다.

일본은 수출 감소로 인해 매출이 급감하자 내수시장으로 눈을 돌려 소비를 독려했다. 그러나 아무리 소비율이 올라도 수출 호황기에 비하면 매우 부족한 수준이었기에 내수시장에서 큰 성과를 거두지 못했다.

일본 기업들은 더 큰 매출을 원했고 더 높은 소비율을 유도하기 위해 애를 썼다.

고민 끝에 일본 정부는 소비자들의 소비율이 왜 낮은지 이유를 찾기 시작했다. 그리고 문제의 원인을 소비자들의 시선이 온통 부동산에 쏠려 있기 때문이라고 분석했다. 일본의 '잃어버린 10년'은 여기서부터 시작된다. 일본 정부는 부동산으로 흘러가는 자금을 차단해 매수 대기자와 주택 보유자들이 부동산을 매각함으로써 부동산 대신 현금을 들고 있으면 소비가 증가하고, 소비가 증가하면 기업들도 활발히 움직여 고용도 증진될 것이라고 생각했다. 그리하여 금리 인상, LTV, DTI를 단행해 각종 금융 규제 및 세금 부과 등의 부동산 강압 정책을 쏟아냈고, 이는 부동산의 추락으로 이어졌다.

계획대로 부동산가격은 잡았지만 상황은 정반대로 흘러갔다. 집값이 하락해도 주택 보유자들이 부동산을 매도하지 않았던 것이다. 아니, 매도가 일어나질 못했다. 매도하려고 해도 매수 대기자들이 더 떨어질 것을 기대해 사지 않고 버텼기 때문이다. 그 결과 주택 보유자들은 매도를 하지 않고 보유하는 쪽으로 방향을 틀었고, 높은 금리 등으로 인해 오히려 소비 지출을 더 줄이게 되었다. 매수 대기자들도 마찬가지였다. 부동산가격이 많이 하락했지만 더 싼 값에 매수하기 위해 기다릴 태세를 갖췄고, 높은 금리가 부담되어 소비를 더욱 줄이면서 현금을 확보했다.

부동산 억제정책으로 인해 오히려 내수 소비가 최대 40% 이상 떨어지면서 일본 경제가 무너지는 상황이 발생하게 되었다. 그리고 그 여파는 현재까지도 진행 중이다. 이후 아무리 금융 완화정책을 펼쳐도 효과를 보지 못하고 있다. 부동산가격이 하락할수록 소비율도 함께 급감한다는 것을 일본의 잃어버린 10년의 선례를 통해 세계의 모든 나라가 학습했다. 이때까지만 하더라도 부동산시장이 경제에 미치는 영향이 이렇게 크다는 것을 누구도 알지 못했기 때문이다.

경제가 성장하면 부동산시장이 성장하듯이 부동산시장이 성장하면 경제도 성장한다. 이러한 부분을 제대로 간파한 나라가 미국이다. 미국은 부동산시장이 성장하도록 금융상품들을 쏟아내어 부동산시장의 성장을 유도하고 있다. 클린턴 대통령 재임 시절 미국 경제가 가장 좋았던 이유가 바로 여기에 있다. 물론 2008년 서브프라임 모기지 사태가 터지긴 했지만 이는 너무 급하게 성장정책을 펼쳤기 때문에 문제가 된 것일 뿐 부동산시장이 경제에 미치는 영향이 크다는 것은 누구도 부정할 수 없는 사실이다.

대한민국 부동산시장? 절대 안 죽는다

그렇다면 과연 우리나라의 부동산가격도 지금보다 더 하락할까? 필자는 2014년 당시 "NO"라고 말하였다. 더 이상 부동산가격이 하락한다면 일본보다 더 심각한 상황이 전개될 수도 있기에 절대 그런 일은 일어나지 않을 것이고, 잠시 웅크리고 있을지언정 분명 다시 기지개를 켤 날이 올 것이라고 하였고 실제로도 그렇게 부동산은 흘러갔다.

일본은 정부의 잘못된 정책으로, 우리나라는 외부 상황의 영향으로 부동산경기 침체가 시작되었다. 2008년 이전까지만 해도 우리나라 부동산시장은 호황기를 누리고 있었다. 2008년 리먼브라더스 사태 이후 주가가 폭락하고, 환율은 급등한 것이다. 그러나 당시 정부가 크게 흔들리지 않고 잘 대처해 위기를 극복했다. 결국 일본의 부동산 버블과 현재 우리나라의 부동산경기 침체 원인은 전혀 다르다고 볼 수 있다.

부동산시장이 경제에서 차지하는 비중은 매우 크다. 부동산시장은 경제와 떼려야 뗄 수 없는 밀접한 관계에 있고, 아주 중요한 한 축이기도 하다. 경제가 어렵다 어렵다 하는데 부동산시장을 살리지 않는 이상 경제가 좋아지기를 기대하기는 어렵다. 정부 또한 부동산시장의 중요성을 누구보다 잘 알고 있다. 정부에서도 부동산시장을 활성화하기 위해 끊임없이 몸부림쳤고 결국 부동산 상승을 이끌었다는 것을 잊지 말기 바란다.

이후 부동산은 2020년까지 계속 상승곡선을 타고 신고가를 찍었지만 러-우 전쟁으로 인한 원자재상승 및 인플레이션으로 금리가 상승하면서 잠시 숨 고르기에 들어간 후 다시 2025년 10월 강남 아파트들의 신고가 행진이 계속되며 평당 2억 이상의 아파트가 나오게 된다. 이 글을 쓰는 현재 시점 대통령의 서울 전 지역과 경기도 일부 지역이 규제지역으로 묶이고 담보대출의 제약들이 나왔지만 이미 진보정권이 잡을 때마다 나오는 부동산 억제책은 시장의 내성을 키워왔다. 문 대통령 시절 규제와 다를 바가 거의 없고, 결국 잠시 주춤은 하겠지만 옥죄는 정책만으로 부동산가격을 잡는 것은 어려울 것으로 예상된다.

부동산투자에도 적기가 따로 있다?

다른 상품들과 마찬가지로 부동산 또한 공급과 수요에 의해 가격이 결정된다. 매수자보다 매도자가 많으면 가격 하락을 피할 수 없고, 반대로 매수자가 많으면 공급이 부족하다는 뜻이므로 가격 상승을 피할 수 없다. 즉, 매수 세력이 많아야 부동산가격이 상승하는데 지금의 부동산시장은 정부의 정책으로 인해 대출이 막히니 이에 대한 투자금이 주식 등으로 유입되면서 잠시 주춤할 수는 있지만 결국 부동산에 대한 투자 수요는 다시 오를 것이다.

사후약방문으로 인해 결국 병에 걸려 나가떨어진 이들도 많다

2025년 10월 현재의 경제 사정은 어떨까? 나는 공개 강의를 할 때마다 수강들에게 현재의 경제 상황과 부동산시장에 대한 개인적인 의견을 묻지만 반응은 항상 다르다. 긍정적인 의견이 많을 때도 있고 부정적인 의견이 많을 때도 있다. 처음 책을 출간했던 2014년 1월만 하더라도 대다수 사람이 경제 상황을 썩 좋게 보지 않았다. 여기에는 수출형 국가인 우리나라의 경상수지가 2012년도부터 계속 흑자라는 것을 모르는 사람들이 꽤 많다는 것도 한몫한다. 이미 그때까지만 해도 2011년도부터 야금야금 나온 대책들이 오히려 부동산가격을 무너뜨렸고, 수년 동안 대출이자에 시달리며 힘들게 살아온 국민 또한 부동산에 대한 흥미를 아예 잃어버렸기에 2013년 말까지만 해도 부동산시장의 분위기는 굉장히 어두웠다.

유주택자들은 부동산에 대한 흥미를 잃고, 무주택자들은 돈이 없어 부동산가격이 좀 더 하락하기만 기다리고 있는 상황에 정부에서 꺼낸 카드는 무엇이었을까? 사실 특별한 카드는 없었다. 공급보다는 수요계층이 좀 더 움직였기 때문이다. 2014년도 이후부터 지금까지 부동산가격은 이미 전체적으로 상당히 올랐다는 사실을 기억하자.

대한민국 부동산시장, 하락했던 원인

그동안의 부동산가격 하락의 원인으로는 경제적인 측면 등 여러 가지 이유가 있겠지만 나는 이명박 정부 때 추진했던 보금자리주택을 가장 큰 원인으로 지목한다. 주변 시세의 70~80%에 집을 공급하겠다는

데 누가 제값을 주고 부동산을 매입한단 말인가? 당신이라면 이런 곳을 놔두고 굳이 다른 집을 구매하겠는가?

한편 무주택자들이 전세로 계속 대기하면서 결국 전셋값 폭등이라는 단초를 제공했다. 이로 인해 전세자금 대출이라는 웃기지도 않은 상품이 나오게 된 것이다. 전세자금 대출이 활성화되니 임대인들은 전세값을 더 올리고 결국 대출이자를 내며 전세를 사는 반전세의 개념의 주거 형태가 발생했던 것이다. 여기에 주택 공급이 너무 많다는 언론의 보도로 집이 남아돌고 있는 만큼 집값이 더 떨어질 것이라는 기대심리까지 가세해 부동산가격의 추락이 계속 이어진 것이다.

정말 집이 남아도는 상황이라면 해마다 반복되는 전세 품귀 현상과 전셋값 상승에 대해서는 어떻게 설명할 것인가? 일부 수요가 없는 지역에 공급이 많았던 것을 마치 현재 우리나라 전체에 공급이 남아도는 상황처럼 보도한 것이 문제다.

2002년 당시 부동산 관련 뉴스 보도 자료들을 보면 헛웃음이 나올 뿐이다. 부동산에 대한 비관적인 내용이 주를 이루고 있고, 더 이상 부동산가격 상승을 기대하기 어렵다는 것이 대체적인 기사 내용이다. 하지만 독자들도 알다시피 그 이후 부동산가격이 폭등했다. 그러므로 무조건 언론을 따라가기보다는 부동산시장을 직접 분석하고 판단할 수 있는 능력을 기르는 것이 먼저다.

부자들은 언제 부동산을 살까?

지금은 부동산경기가 좋지 않으니 경기가 좋아지면 그때 집을 사겠다는 사람들이 주변에 많다. 그런데 여기에 고수와 하수의 차이점이 숨어 있다. 지금이 바로 매수 시점이다. 하수는 고점에서 매입하고, 고수는 저점에서 매입했다. 그러나 2019년 이후의 현금 부자들은 대출규제에도 불구하고 똘똘한 한 채, 강남 고가의 아파트들을 매수하기 시작하여 강남 아파트 가격을 상당히 올리게 된다.

과거 부동산으로 큰돈을 번 사람들이 누구였는지 아는가? 대부분 IMF 외환위기가 터졌을 때 끝도 없이 하락한 부동산을 쓸어 모은 사람들이다. 당시 부동산가격은 대략 40% 이상 하락했는데, 많은 이들이 그 부동산을 사는 사람들에게 손가락질했다. 그리고 얼마 지나지 않아 전세는 역전되었다. 많은 이들에게 부동산시장을 내다보는 혜안이 부족했던 것이다.

주식도 마찬가지다. 2008년 서브프라임 모기지 사태 때 반의반 토막이 나는 주식들이 시장에 널려 있었다. 당시 하수들은 전부 팔자로 돌아서서 손실을 보면서도 팔기 바빴다. 이에 반해 고수들은 그 타이밍을 놓치지 않고 오히려 매수해 후에 큰돈을 벌었다.

이런 기회가 다시 올까?

"위기는 곧 기회다!"

이 말을 떠올리면서 지금처럼 부동산가격이 하락했을 때가 바로 좋은 기회가 될 수 있다는 점을 기억하자. 다만 현재로서는 글로벌 경기 침체로 인한 큰 이벤트가 없는 이상 부동산시장이 과거 IMF나 서프라임 모기지 사태 때처럼 하락하는 일은 발생하지 않을 것이다. 부동산이 상승하더라도 직선 그래프로 올라가지 않고 정부 정책으로 인해 오름이 있으면 내림도 있을 것이다. 적절한 타이밍에 투자를 하되 무리해서 투자하면 안 되니 금전적인 부담(이자)이 되는 투자는 절대 금물이다.

'하우스푸어'라는 말이 괜히 생긴 것이 아니다. 자신의 형편에 맞지 않는 무리한 투자를 했다가는 빚더미에 앉기 쉽다. 무조건 내 경제 상황과 소득에 맞춰 투자를 하는 것이 바람직하다.

미시경제와 거시경제가 있다. 매매, 경매 등으로 사는 행위를 미시경제라 하면 정부의 정책들은 거시경제라 할 수 있다. 미시가 너무 움직이면 거시는 제재를 할 것이고 미시가 너무 움직이지 않으면 거시는 또 풀어줄 것이다. 정책은 늘 변하니 그때그때 상황에 맞춰 움직이자.

부동산경매,
어떻게 접근해야 할까?

'부동산경매', 하면 가장 먼저 무슨 생각이 떠오르는가? 아마 잘 모르는 사람들도 경매를 통해 시세보다 무조건 저렴하게 부동산을 살 수 있다고 생각할 것이다. 과연 사실일까? 현재 시중에서 팔리고 있는 경매 서적들을 보면 '나는 경매로 몇 년 만에 몇 억을 벌었다' '경매로 낙찰받은 집이 현재 몇 채다'라는 말로 너도나도 그렇게 될 수 있을 것 같은 환상을 심어준다. 물론 경매는 시세보다 싸게 매입하고자 하는 것이 목적이다. 그런데 경매로 시세 4억 원짜리의 부동산을 3억 5,000만 원에 매입할 수 있다면 모든 사람이 공인중개소가 아닌 경매로 부동산을 매입해야 맞지 않겠는가?

또 2000년대 초반의 경매시장 상황과 현재의 경매시장 상황은 많은 차이가 있다. 경매를 배워서 경매 서적의 저자들과 똑같은 위치에 오를 수 있다면 지금이라도 하던 일을 그만두고 경매에 뛰어들어야 마땅할 것이다. 그러나 경매에서 성공하기란 생각보다 쉽지 않다. 물론 누군가는 그들처럼 돈을 벌 수도 있겠지만 막연한 환상만 가지고 뛰어드는 것은 위험한 행동이다.

경매 수업을 듣는 수강생 중에는 실제 거주할 주택을 싸게 매입하려는 사람들도 있고, 경매를 재테크 수단으로 생각하는 사람들도 있다. 이 중 전자보다는 후자가 더 많다. 그런데 나는 개인적으로 실거주 목적으로, 자신의 집을 사기 위해 경매를 배우기를 추천한다. 재테크 목적으로 부동산경매를 하는 것이 바람직하지 않다는 말이 아니다. 다만 실거주 목적으로 접근하는 것이 좀 더 안정적이다. 먼저 실거주 목적으로 주택을 구매한 다음, 여유 자본이 있다면 그때 투자 목적으로 다가가는 것이 좋은 방법이다.

부동산경매, 욕심이 지나치면 독이 된다

경매의 장점은 바로 시세보다 저렴하게 낙찰받는다는 것에 있다.

그렇다면 시세보다 얼마나 저렴하게 낙찰받아야 성공했다고 할 수 있을까? 큰 욕심을 부리기보다는 실거주가 목적인 경우 공인중개소에 나와 있는 급매물 가보다 저렴하게 낙찰받으면 성공이라고 말할 수 있다.

내가 원하는 지역의 원하는 물건이 항상 경매로 나와 있는 것이 아니다. 그렇기 때문에 내 입맛에 딱 맞는 물건을 낙찰받기까지 많은 시간과 인내가 필요하다. 게다가 공인중개소에서 물건을 보는 것처럼 해당 부동산의 내부를 자세히 볼 수 있는 기회가 제공되는 것도 아니다.

운이 좋으면 들어가 볼 수도 있겠지만 내부를 전혀 확인하지 못한 상태에서 낙찰받아야 할 수도 있다. 이 때문에 낙찰받은 후 수리비가 엄청나게 들어가는 경우도 발생한다.

사람의 욕심은 끝이 없다. 욕심을 부리다가 정말 좋은 물건을 놓칠 수 있고, 오히려 자신에게 칼이 되어 돌아올 수도 있으므로 욕심을 자제해야 한다. 경매는 큰 기대와 욕심을 가지고 접근하기보다는 거래되는 시세보다 저렴하게 받는 선에서 만족할 때 큰 부담이 되지 않는다. 다시 말해 경매는 알고 보면 참 매력적인 분야이긴 하지만 큰돈을 벌 수 있다는 환상을 가지고 접근하는 것은 삼가야 한다. 경매는 매매의 한 방법일 뿐 결코 돈을 벌기 위한 목적으로 다가서는 안 된다. 급매물이 싸다면 급매물로 매입하는 게 가장 현명한 방법이다.

경매에 성공하려면 머리와 발을 같이 움직여라

경매를 하기 위해서는 먼저 부동산 상식을 반드시 알아야 한다. 꼭 경매를 하려는 사람이 아니더라도 부동산 상식은 배워두면 큰 도움이 되는 경우가 많다. 물론 부동산경매를 하려는 사람이라면 두말할 것 없이 공부는 필수다. 아무것도 모르고 달려들었다가 큰코다치는 것이 바로 경매이고, 특히 부동산경매는 한두 푼으로 할 수 있는 것도 아니기 때문이다.

일반적인 자격 시험은 독학이 가능하지만 경매는 그렇지 않다. 책으로만 경매에 대한 모든 지식을 습득하기란 매우 어렵다. 부동산경매는 이론과 실전이 굉장히 다르므로 혼자서 공부하기보다는 경험이 풍부한 강사의 강의를 듣는 게 훨씬 도움이 된다. 이 책에서는 혼자서도 경매지식을 습득할 수 있도록 최대한 쉽게 설명하고 있긴 하지만 책을 통해 경매에 대한 기초지식을 쌓은 후에는 오프라인 강의를 반드시 들을 것을 추천한다.

경매를 하다 보면 예기치 못한 상황과 어려운 상황에 맞닥뜨리는 순간이 있는데 이럴 때 멘토가 있으면 도움을 받을 수 있다.

부동산경매를 하기 전, 준비해야 할 것들

부동산경매는 법을 다루는 분야이다 보니 생소한 단어들이 정말 많다. 그런데 일부 학원의 경우 이론은 제쳐두고 수강생들을 끌고 다니면서 경매물건만 보러 다니기에 바쁘다. 이런 강의는 경매 초보자들에게 전혀 도움이 되지 않는다. 이론을 배우지 않고 실전부터 경험한다는 것 자체가 어불성설이다. 경매물건을 보러 다니는 것은 이론을 충분히 습득한 다음에 해도 늦지 않다.

무엇보다 부동산 관련 뉴스와 정책이 어떻게 변하는지 꾸준히 관심을 가져야 한다. 부동산경매는 부동산의 한 분야다. 따라서 부동산만 잘 알고 있어도 경매에 접근하기가 매우 용이하다. 어느 지역의 어떤 물건을, 언제, 얼마에 매입하면 되는지만 알면 성공할 수 있기 때문이다. 이론만 빠삭하고 부동산을 이해하지 못한다면 결국 앙꼬 없는 찐빵이 될 것이다. 따라서 항상 시시때때로 변하는 정책과 뉴스, 이슈 등을 꼼꼼히 체크하길 바란다.

부동산경매를 하기 위해서는 또 발품을 많이 파는 것이 중요하다

필자는 한 건의 부동산을 낙찰받기 위해 일단 인터넷으로 물건 조사를 한다. 대략 3~4시간 동안 물건 검색과 조사를 하고 이를 통해 10개 정도의 물건을 선별한다. 그런 뒤에는 그 물건들을 직접 확인하러 현장에 나간다. 조사를 하러 막상 가서 보면 생각했던 것과 달리 가치가 떨어지는 물건들이 정말 많다. 이러한 조사를 하는 데에는 보통 1~2일 정도가 걸린다. 최종적으로 선별한 물건을 입찰하기 위해 법원으로 간다.

내가 찜한 물건을 쉽게 낙찰받으면 좋겠지만 낙찰받는 일도 매우 어렵다. 낙찰받지 못하면 또 다른 물건을 찾아 조사해야 하고, 이러한 일을 반복해야 한다. 이런 상황에 지쳐 경매를 포기하는 사람들도 더러 있다. 그러나 경매물건을 조사하고, 직접 나가서 살펴보면 그 동네의 특성 및 호재 등을 자연스레 알 수 있다. 한두 개의 물건을 조사하는 것이 아니기 때문에 결국 어마어마한 부동산 정보가 쌓이게 되는 것이다. 이 정보들은 내가 부동산투자를 하는 데 있어서 가장 큰 무기가 된다. 발품 파는 것을 힘들어하지 말자. 절대 시간 낭비가 아니다. 요즘은 앱도 많아 쉽게 정보를 알아볼 수 있어 현장에 가는 것을 게을리하고 앱에만 의존하여 조사를 끝내는 경우가 많은데, 여러분은 절대 그러지 말길 바란다.

직접 현장에 가보지도 않고 인터넷으로만 조사하는 사람들이 있는데 이렇게 부동산경매를 하면 절대 성공할 수 없다. 발품은 곧 정보력이고, 정보력은 곧 돈이 된다.

현장에서 이것만은 꼭 확인하라!

자, 인터넷을 통해 내가 낙찰받고자 하는 물건들을 찾았다면 이제 발품을 팔아야 한다. 현장에 나갈 때는 되도록 대중교통을 이용하도록 한다. 해당 물건과 전철역까지의 거리를 파악하고, 역에서 해당 부동산까지 가는 길에 관공서, 편의시설 등의 존재 여부 등을 확인해야 하기 때문이다. 그리고 한두 군데를 가는 것이 아니므로 이를 꼭 기록으로 남겨두어야 한다.

그렇다면 현장에 나가서는 어떤 것들을 확인해야 할까?

첫째, 해당 물건의 내부를 꼭 눈으로 확인해야 한다. 아파트의 경우 내부구조가 대부분 비슷하지만 혹시 내부에 훼손이 있을 수도 있다.

또 빌라의 경우는 건축업자마다 스타일이 다르므로 같은 전용면적이라 하더라도 실제 내부 면적은 차이가 많이 난다. 그런데 해당 부동산을 직접 확인하기는 쉽지 않다. 거주하는 자가 소유자든 임차인이든 경매로 자기가 살던 집이 넘어가게 생긴 마당에 감정이 좋을 리 없기 때문이다. 혹은 거주하는 사람이 없을 수도 있다.

일단 실제 해당 부동산에 거주하는 사람이 있는지 없는지 우편함과 전기계량기를 통해 확인해보자. 계량기 돌아가는 속도가 다른 계량기와 비슷하다면 사람이 살고 있다는 뜻이므로 인내를 가지고 기다렸다가 물건을 직접 확인해야 한다. 낙찰받으려는 집의 벨을 누르는 일은 필자도 항상 망설여지는 일이다. 나도 사람인지라 가슴이 두근거릴 수밖에 없다. 실제로 욕을 먹을 때도 많았다. 그러나 욕먹는 것은 아주 잠시일 뿐이므로, 꼭 시도해보자. 해당 부동산을 보지 못한다면 아래층이라도 가서 확인하자. 구조상 위아래 층은 같은 구조일 확률이 높기 때문이다. 팁을 하나 알려주자면 현장 조사를 갈 땐 여성과 같이 가는 것이 좋다. 남자끼리 가면 열어주지 않을 확률이 95% 이상이기 때문이다.

둘째, 아파트의 경우 반드시 미납 관리비를 확인해야 한다. 대법원 판례에 의하면 공용비용 부분에 대해서는 낙찰자가 납부해야 할 의무가 있다. 따라서 생각하지도 못했던 비용이 추가로 발생할 수 있으므로 이 점을 꼭 확인하고, 평균 관리비도 어느 정도 나오는지 알아보자.

셋째, 시세를 조사할 때는 공인중개소를 한두 군데만이 아니라 최소 다섯 군데 이상 다녀보아야 한다. 그리고 해당 물건 근처의 공인중개소뿐만 아니라 몇 블록 떨어진 곳에 가서도 조사를 해보도록 하자. 시세 차이가 있을 수 있기 때문이다. 시세가 형성되어 있어도 실제 거래가 이루어지지 않고 있다면 이는 시세가 아니다. 최근에 거래된 내역들을 꼼꼼히 확인해야 하며, 공인중개소에 나와 있는 시세를 실제 거래가로 착각해서는 안 된다. 이때 매매 시세뿐만 아니라 전세, 월세 수요도 꼼꼼히 확인하자. 낙찰받은 후 바로 매도가 되지 않을 수도 있으므로 이에 대한 대비책을 세워 두어야 하는 것이다. 전세나 월세를 놓는다면 연수익률이 얼마나 되는지, 임대를 놓지 못해 발생할 수 있는 손실률은 어느 정도인지 미리 파악하도록 한다.

부동산경매 컨설팅업체, 과연 내 편일까?

인터넷 검색창에 '경매'를 치고 검색해보면 수많은 경매 컨설팅업체들의 사이트가 뜨는 것을 볼 수 있다. 경매 절차나 권리분석이 어렵기 때문에 공부를 하지 않고서는 부동산경매를 절대 할 수 없는데, 경매공부를 따로 하기 힘든 사람들은 이런 경매 컨설팅업체들을 이용해 부동산을 낙찰받기도 한다.

그렇다면 변호사 사무실 직원, 법무사 사무실 직원, 공인중개소 사무실 직원도 매수 대리를 하는 것이 가능할까? 답은 'NO.' 이는 변호사법 위반이다. 절대 할 수 없다. 그런데도 현재 수많은 경매 컨설팅업체들이 직원들을 교육해 고객들에게 컨설팅을 해주게끔 한다. 상황이 이렇다 보니 경매에 대해 제대로 알지도 못하는 직원들이 고객 유치를 위해 너도나도 막무가내로 낙찰을 유도한다. 이는 경매시장의 분위기를 혼탁하게 만드는 주범이다.

경매 컨설팅업체들이 원하는 것은?

경매 컨설팅업체의 목적은 바로 수수료다. 절대 고객의 이익을 우선으로 생각하지 않는다. 대다수의 경매 컨설팅업체들이 이 수수료를 받기 위해 고객에게 반드시 낙찰받게 해주고 최대한 높은 낙찰가를 유도한다. 그런데 이때 낙찰받은 금액이 2등의 입찰금액보다 월등히 높을 경우 고객의 항의를 받게 되므로 소속 직원들이 허위로 1등 금액보다 조금 낮은 금액으로 입찰하기도 한다. 고객에게는 3억 원에 낙찰가를 쓰도록 유도하고, 직원이 몰래 2억 9,800만 원을 써내 금액 차이가 얼마 나지 않게 하는 것이다. 고객들은 이러한 사실도 모른 채 경매 컨설팅업체가 권리분석을 잘하고, 낙찰가도 잘 정했다고 생각하며 매우 흡족해한다.

또한 낙찰자에게 인수될 사항이 있거나 소송이 걸려 있는 복잡한 물건들의 경우는 경매시장에서 여러 번 유찰이 되는데, 이러한 물건에 대해 제대로 분석하지 않고서 낙찰받게끔 유도하기도 한다.

그리고 그 후에 본인들은 수수료만 챙기고 몰라라 하며 내빼는 경우도 종종 있다.

실제로 컨설팅업체들에게 이런 일을 당하고 난 후에 필자를 찾아오는 이들이 꽤 많았다. 의뢰를 하더라도 내가 경매를 어느 정도 알고 하는 것과 아무것도 모르고 하는 것은 천지 차이다. 그러므로 컨설팅 대행업체들에 의뢰를 할 때도 경매에 대한 기본지식은 가지고 있어야 한다.

실제로 컨설팅업체에 피해를 당했던 분에 대해 잠깐 이야기해보겠다. 약 2년 전 필자가 강연을 할 때 예고등기 등이 복잡하게 얽혀 있는 물건에 대해 다루며 자세한 내용을 알아보지 않고 절대 이런 물건을 낙찰받아서는 안 된다고 이야기해준 적이 있다. 이후 수강생들은 어떤 사람이 낙찰받는지 보기 위해 해당 물건의 입찰 당일, 직접 법원에 찾아갔다. 어느 중년의 남성이 낙찰받은 것을 보고 호기심이 발동한 수강생들은 낙찰자에게 수업 때 배운 내용들을 설명하며 알고 있는지 물어봤다. 그런데 그 사람은 그런 내용을 전혀 모르고 있었으며, 컨설팅 대행업체에서 막무가내로 낙찰받으라고 해서 받았다고 했다.

안타까운 마음에 수강생들은 낙찰자와 연락처를 주고받았고 어떻게 진행되고 있는지 계속 확인했다.

얼마 후, 한 수강생이 필자에게 그 물건에 대해 이야기해주었다. 그리고 조심히 그 낙찰자를 좀 도와주면 안 되겠느냐고 물었다. 그 경매는 컨설팅 대행업체에 수수료까지 주고 진행된 것이기 때문에 그쪽에서 해결해줄 것이고, 내가 도와줄 게 뭐가 있겠느냐며 딱 잘라 말했다.

그런데 1년 후, 한 통의 메일을 받았다. 문제의 물건을 낙찰받은 사람이었다. 정중하게 시간 좀 내주면 안되겠느냐는 부탁에 약속을 정하고 상담을 해주었다.

컨설팅 대행업체는 수수료 약 400만 원만 받고 나 몰라라 하는 상황이었고, 낙찰자는 혼자 변호사를 선임해 소송을 진행하고 있었다. 진행 상황을 들어보니 변호사도 어떻게 처리해야 할지 잘 몰라 일 처리가 제대로 안 되고 있었다. 그래서 필자가 어떻게 해결해야 하는지 조언을 해주고 마무리한 적이 있다. 이처럼 경매 컨설팅업체들은 대부분 수수료를 목적으로 하기 때문에 수수료만 받으면 책임을 지지 않는 경우가 많다. 이 점을 꼭 명심하기 바란다.

경매 컨설팅업체에 줄 돈이 있으면 차라리 오프라인 수업에 투자하는 게 백배 낫다. 단, 이론을 정말 제대로 알려주는 곳이어야 한다. 그 전에 먼저 이 책을 통해 경매에 대해 이해하고, 스스로 공부해서 물건을 분석할 수 있는 능력을 키워보자.

필자가 진행하는 수업은 20대 초반부터 60대 후반까지 다양한 연령의 수강생들이 교육을 받고 있다. 어렵다고 생각하면 끝도 없이 어려운 것이 경매이지만, 성인이라면 남녀노소를 불문하고 누구나 다 이해할 수 있는 분야다. 그러므로 시간 투자와 노력을 아끼지 말길 바란다.

부동산경매, 소액으로도 할 수 있다

매월 공개 강의를 할 때나 상담을 받으러 찾아온 사람들이 가끔 이런 질문을 던진다.

"경매를 하려면 돈이 어느 정도 있어야 할까요?"

"부동산을 사려면 최소 1억 원 이상 현금을 가지고 있어야 하지 않을까요?"

실제로 이렇게 생각하는 사람들이 많고, 일단 돈이 없으면 경매를 할 수 없다고 생각한다. 경매를 하는 데 얼마가 필요한지 알아보기 전에 부동산 유형부터 살펴보자.

아파트, 연립, 다세대, 다가구, 단독주택, 상가, 오피스텔, 주상복합, 토지, 공장 등 유형마다 그에 대한 가치가 다르다. 또 같은 유형이라 하더라도 면적이나 지역 등 그 가치를 결정하는 요인에 따라 부동산가격은 천차만별로 달라진다. '얼마의 자금이 있어야 하느냐?'보다는 현재 자신이 무엇을 목적으로 부동산경매를 하려는지가 더 중요하다. 일반적으로 경매를 배우고자 하는 사람들의 상당수가 재테크를 하기 위해서인데, 저렴하게 낙찰받아 단기간에 되팔아서 이익을 남기는 것은 불가능하지 않다. 그렇다고 쉽지도 않다.

사실 비싼 부동산에 무리하게 투자하기보다는 내가 가지고 있는 여유자금에 맞는 물건을 찾아 투자하는 것이 가장 좋다. 간혹 기존에 살던 주택을 매매로 내놓은 상태에서 '이 집이 팔리면 잔금을 내야지'라는 생각으로 경매물건을 낙찰받는 사람들이 있는데, 이는 굉장히 위험한 행동이다. 집이라는 게 내가 팔고 싶을 때 팔리면 좋겠지만 그렇지 않으면 어떻게 할 것인가? 무슨 일이 있어도 잔금을 미리 확보한 상태에서 낙찰받아야 한다.

또한 잔금을 치를 때는 대출금 외에도 낙찰대금의 20%에 해당하는 여윳돈을 꼭 확보해놓아야 한다. 뜻하지 않은 비용이 추가로 발생할 수 있고, 취득세 등의 세금도 내야 하기 때문이다.

경락잔금대출의 단점, 수수료가 비싸다

일반적으로 경락잔금대출(경매나 공매로 낙찰받은 부동산에 대해 부족한 잔금을 대출해 주는 제도)은 70%에서 많게는 90%까지 나온다. 이렇게 높은 수준의 대출이 가능한 이유는 지방은행들이 영업을 해서 대출을 유도하기 때문이다. 브로커들이 대출을 알선해주고 수수료를 받는데, 문제는 대출이 제대로 나오지도 않으면서 낙찰자가 필요한 만큼 무조건 대출을 해주겠다고 포섭하는 것이다.

　잔금일이 다가오는데 제대로 자서(잔금 마감)가 이루어지지 않고 대출에 제약을 받을 수 있으므로 한 군데가 아닌 여러 은행에 대출 의뢰를 해보아야 한다. 또한 경락잔금대출은 영업비, 브로커 수수료 등으로 수수료가 매우 비싸다. 브로커들도 주로 미리 알려주지 않고 잔금 마감 전에 이야기해서 어쩔 수 없이 지불하게끔 만든다. 경락잔금대출을 많이 받을 경우 어쩔 수 없이 나가는 비용이므로 감안하고 진행해야 한다. 그리고 경락잔금대출은 등기비가 일반 매매 등기비보다 비싸다는 것도 알아두자.

| 2장 |

부동산경매, 어떻게 진행되는가?

경매의 정확한 의미와 종류

경매의 종류에는 어떤 것들이 있는가?

 서울의 집값, 비싸도 너무 비싸다. 특히 강남 아파트의 가격은 말도 안 되는 금액으로 치솟았다 하지만 집값이 비싸든 싸든 누구나 집은 있어야 한다. 전세나 월세, 또는 반전세로 계속 살 수도 있지만 2년(갱신 시 4년)마다 이사를 다닌다는 게 말이 쉽지 매우 힘든 일이다. 이사에 따른 부대비용도 무시할 수 없다.

 일단 내 집을 장만하면 이사에 대한 부담도 없고, 집주인과의 관계에 대한 스트레스 없이 마음 편히 살 수 있다. 그러나 최근 집값이 많이 떨어졌다고는 해도 어디 집 사는 게 한두 푼 들어가는 일인가? 서울 내에서도 많은 차이가 있겠지만, 보통 빌라의 전셋값만 해도 평균 3억 이상이다. 1억을 모으려면 한 달에 100만 원씩 쉬지 않고 8년 이상을 모아야 한다. 서울의 아파트 한 채를 사려면 월급을 한 푼도 쓰지 않은 채 12년을 모아야 한다는 조사도 있었다. 과연 12년 뒤에는 가격이 그대로일까? 그래도 집을 사긴 사야 하는데, 시세보다 싸게 잘 사려면 어떻게 해야 할까? 답은 부동산경매밖에 없다.

부동산경매를 하려면 일단 공부를 해야 하는데 어디서부터 어떻게 시작하는 것이 좋을까? 먼저 부동산경매란 무엇이고, 어떻게 부동산이 경매에 나오는 것인지부터 알아야 한다.

경매란 무엇일까? 네이버 국어사전에는 "물건을 사려는 사람이 여럿일 때 값을 가장 높이 부르는 사람에게 파는 일"이라고 나와 있다. 〈내 고향 6시〉 같은 프로그램에서 채소나 생선을 경매에 붙여 파는 장면을 본 적이 있을 것이다. 물건을 보여주면 그 물건을 사려는 사람들이 손짓을 하며 가격 흥정을 하고, 가장 높은 값을 부르는 사람에게 물건을 판다. 이러한 경매방식을 호가경매라 한다. 호가를 불러서 가장 높은 금액을 부르는 사람이 낙찰받는 방식이다.

앞으로 이 책에서 배울 부동산경매는 이러한 호가경매를 하지 않는다. 그런데 이런 물건들이 경매에 나오는 이유는 무엇일까? 이유는 아주 단순하다. 채무자가 채권자의 돈을 갚지 못했기 때문이다. 채무자가 개인이나 은행에 빌린 돈을 갚지 않았을 때 채권자나 은행이 법원에 경매를 요청한다. 그러면 법원은 집행 주체가 되어 채무자의 재산을 경매에 부치고, 낙찰이 되면 현금화한 후 채권자들에게 배당을 해준다. 처분할 수 있는 채무자의 재산은 부동산만 가능한 것이 아닌 동산도 가능하다. 이와 비슷한 세금을 체납했을 경우 국가에서 밀린 세금을 받기 위해 체납자의 재산을 처분하는 공매도 있다. 공매는 한국자산관리공사(캠코)에서 주관한다.

먼저 동산 경매의 경우 움직일 수 있는 자산으로 가전제품, 가구, 기계류 등을 대상으로 한다. 매각 기일에 경매가 이루어지는 장소로 사람들이 모이는데, 동산경매의 경우는 호가경매(가격을 부르며 경매하는 것)로 진행된다. 예전에는 부동산경매도 호가경매로 진행했지만 여러 가지 문제점이 많아 현재는 동산경매에서만 호가경매를 진행한다.

부동산경매는 뒤에서 자세히 알아보도록 하고 먼저 공매를 살펴보자. 공매는 앞서 이야기했듯 세금 체납 등의 이유로 한국자산관리공사에서 진행한다. 이뿐만 아니라 국가가 가지고 있는 자산(국유자산)을 공매로 매각할 때도 있다. 공매는 한 번 유찰될 때마다 10%씩 가격이 낮아지고 50%까지 떨어지면 경매가 중단된다. 보증금은 낙찰가의 10%인데 만약 잔금을 미납하면 보증금은 국고에 귀속된다.

강제경매와 임의경매

대법원이 주관하는 부동산경매는 강제경매와 임의경매로 나뉜다. 강제경매는 채권자의 집행권원으로 실행되고, 임의경매는 채권자의 담보권실행으로 인해 경매가 이루어진다.

그렇다면 강제경매는 어떤 과정으로 나오게 되는지 자세히 알아보자.

내가 돈을 빌려주었는데 상대방이 갚지 않는다고 해서 그가 가진 부동산에 대해 바로 경매 신청을 할 수 있는 것은 아니다. 그전에 해야 할 일이 있다. 법원에서 돈을 받을 수 있는 권리, 바로 '집행권원'을 받아야 하는 것이다. 집행권원에는 본안 소송에서 확정판결, 지급명령, 조정조서, 화해조서, 인낙조서, 공정증서 등이 있다.

집행권원을 확보하기 전에 채무자가 재산을 다른 곳으로 빼돌리는 등 권리관계에 변동사항이 있을 수도 있으므로 이를 막기 위해 가압류 신청을 해야 한다. 소송으로 확정판결을 받아 경매를 진행하려고 하는데 채무자가 자신이 가진 재산을 모두 팔아서 빈털터리가 됐다면 집행권을 받았다 한들 아무 의미가 없어지기 때문이다. 즉, 가압류는 집행권원을 실현하기 위해 예비적으로 묶어두는 조치다.

가압류는 한자로 '假押留'로 假(가)는 '임시, 일시'라는 뜻이다. 그러므로 가압류를 신청했다고 해서 채권자가 채무자의 부동산을 가질 수 있는 것도 아니고, 경매를 신청할 수 있는 것도 아니다. 가압류는 내가 금전을 청구해야 하는 증거자료가 충분하다면 신청할 수 있다. 단, 가압류를 신청할 때는 10%의 공탁금(현금)을 걸어야 한다. 부동산 가압류의 경우에는 대부분 보증보험증권으로 대체할 수도 있으나, 통장 가압류의 경우에는 대부분 현금으로 걸어야 한다.

소송을 통해서 집행권원을 확보하려면 시간과 비용이 상당히 소요된다.

이 경우 지급명령이라는 제도를 활용하자. 지급명령은 금전채권에 대한 독촉절차이다. 이 지급명령은 상대방이 채무를 인정하는 경우 활용할 수 있는 것인데, 지급명령신청후 상대방이 송달받았는데 2주 이내에 아무런 이의를 제기하지 않는다면 집행권으로 효력이 생긴다.

가압류 신청과 지급명령 신청은 가급적 동시에 진행하는 것이 좋다. 지급명령이 확정됐는데도 불구하고 채무자가 돈을 갚지 않는다면 바로 강제경매를 신청할 수 있기 때문이다. 만약 채무자에게 부동산이 없다고 해도 지급명령과 같은 집행권원은 받아놓는 것이 좋다. 채권 소멸 시효는 10년이고, 갚을 때까지 연 12%의 이자가 붙기 때문이다.

다음으로 임의경매는 어떤 과정을 통해 나오는 것일까? 임의경매는 담보권(근저당권, 저당권, 전세권, 담보 가등기 등)에 의한 경매다. 보통 집을 살 때 집을 담보로 은행에서 대출을 받는데, 이때 은행은 그냥 돈을 빌려주는 것이 아니라 부동산에 근저당을 설정한다. 은행은 부동산을 담보로 돈을 빌려준 것이기에 만약 집주인이 이자와 원금을 갚지 않는다면 해당 부동산에 대해 경매 신청을 할 수 있다. 임의경매의 경우 강제경매와는 달리 집행권원이 필요하지 않다. 근저당뿐만 아니라 저당권, 질권, 전세권, 유치권, 담보 가등기 등의 담보권을 채권자가 행사할 때 임의경매로 나오게 된다.

누구나 알아야 할
경매 전 절차

잘 살고 있는데 갑자기 내가 사는 전셋집이 경매로 넘어간다는 법원의 통지서를 받는다면 어떻게 하겠는가? 이러지도 저러지도 못한 채 손 놓고 가만히 지켜보고만 있을 텐가? 이는 집주인의 사업이 잘못됐다거나 은행 이자를 갚지 못하는 등의 이유로 나에게도 충분히 일어날 수 있는 일이다. 그렇다면 임차인인 나는 언제 배당 신청을 해야 하고, 내 보증금은 얼마나 돌려받을 수 있을까?(임차인의 배당과 관련해서는 주택임대차보호법과 배당에 대해 언급할 때 자세히 설명할 것이다.) 또 전셋집이 아닌 내 집이 경매로 넘어갈 수도 있다. 그렇기 때문에 꼭 경매를 하지 않더라도 경매 절차에 대해서 알아두는 것이 좋다.

부동산이 경매에 나오기까지의 과정

강제경매든 임의경매든 채권자가 경매 신청을 하면 해당 법원은 신청 서류를 검토해 경매개시결정을 내린다. 그러면 법원은 경매개시결정 및 부동산 압류에 대한 내용을 등기 촉탁(법원 및 그 밖의 관공서가 직권으로 등기소에 촉탁하여 등기하는 것)한다. 경매개시 내용을 등기에 촉탁하는 이유는 채무자가 해당 부동산을 매매 등의 처분행위를 할 수 있기에 다른 선의의 피해자가 발생하는 것을 막기 위해서다. 그리고 경매개시결정 정본을 채무자에게 송달한다. 이것이 채무자에게 송달되지 않은 상태에서 진행된 경매는 무효처리가 된다.

채무자뿐만 아니라 해당 부동산의 소유자, 채권자, 임차인, 시·군·구청, 세무서 등 이해관계인들에게도 함께 송달한다. 만약 여기에 이의가 있는 이해관계인들은 경매로 낙찰된 후 매각 잔금이 납부되기 전까지 이의 신청을 할 수 있고, 법원의 결정에 대해서도 항고할 수 있다.

이후부터 법원은 해당 부동산을 경매로 매각하기 위해 본격적으로 준비하기 시작한다. 먼저 경매기입등기 촉탁 후 일주일 내에 배당 요구(강제집행에 있어서 압류채권자 이외의 채권자가 집행에 참가해 변제받는 방법) 종기를 첫 매각 기일 이전으로 결정하고 공고한다. 임차인들은 이 배당 요구 종기 전까지 꼭 배당 요구를 해야 한다. 돈을 받을 수 있는 권리가 있다 하더라도 배당 요구를 하지 않으면 배당에서 제외되기 때문이다.

그런 다음 법원은 집행관에게는 현황조사서를 작성하라는 명령을, 감정사에게는 해당 부동산에 대한 감정평가서를 작성하라는 명령을 내린다. 경매를 하는 사람이라면 여기서 조심해야 할 것이 있다. 바로 감정평가서의 감정가액이다. 경매가 신청되어 낙찰되기까지 보통 6개월에서 1년 정도의 시간이 걸린다. 그렇기 때문에 낙찰받으려는 현재와 시세가 달라질 수 있다. 감정가액은 말 그대로 감정가액이며, 실거래가와는 차이가 있을 수 있다. 부동산이 하락세일 경우 감정가를 더더욱 조심해야 한다.

부동산이 경매에 나오기까지 순서

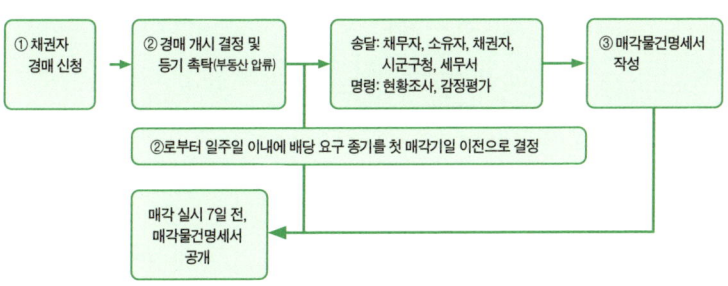

　그렇다면 감정가액과 실거래가의 차이는 왜 생기는 것일까? 감정가액을 높게 평가하면 채권자가 받을 돈이 늘어나서 좋고, 채무자 또한 한 푼이라도 더 갚을 수 있으므로 최대한 높게 평가받기를 원한다. 그러므로 내가 낙찰받고 싶은 부동산 시세를 꼭 확인해보아야 한다.

법원은 매각 기일을 지정한 후 법원 게시판, 법원 사이트 등에 공고하고 이해관계인들에게도 통보한다. 그리고 현황조사서와 감정평가서 등의 서류들을 토대로 경매에서 가장 중요한 매각물건명세서를 작성한다. 최초 입찰기일 일주일 전부터 매각물건명세서를 열람할 수 있다. 이는 매우 중요하므로 뒤에서 좀 더 자세하게 살펴볼 것이다.

매각물건명세서를 모르면
경매를 할 수 없다

부동산경매를 할 때 가장 눈여겨보아야 할 것은 무엇일까? 바로 '매각물건명세서'다. 경매에서는 아주 중요한 서류라고 할 수 있다.

매각물건명세서는 낙찰받으려는 사람들에게 경고를 보내는 서류라 해도 과언이 아니다. 여기에는 법정지상권, 가처분(건물 철거), 분묘기지권, 유치권, 예고등기에 대한 내용이 담겨 있다. 또 점유자가 있다면 점유자의 권원과 보증금, 전입신고, 확정일자, 배당 요구 여부 등에 대해서도 확인할 수 있다. 매각물건명세서는 최초 입찰기일 일주일 전부터 열람할 수 있다.

주변에서 다시는 경매를 하지 않을 거라며 부동산경매에 저주를 퍼붓는 사람도 있었고, 다른 이들에게 절대로 부동산경매를 하지 말라고 강하게 이야기하는 사람도 있었다. 그들이 이렇게 말하는 이유는 제대

매각물건명세서의 예

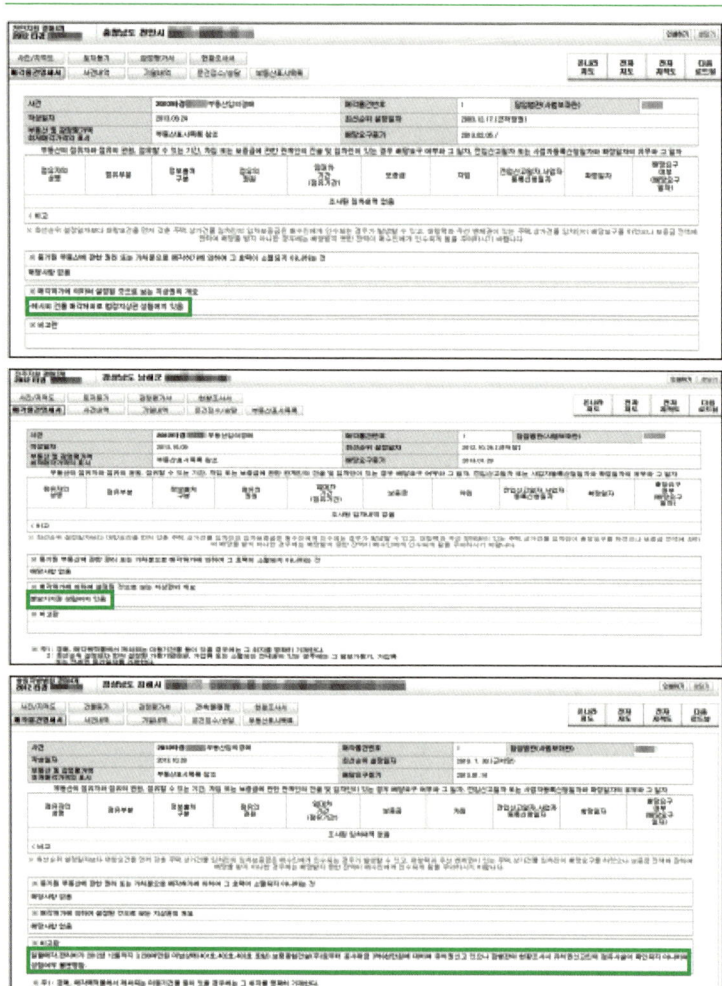

로 된 부동산이 아닌 문제가 있는 부동산을 낙찰받았기 때문일 가능성이 크다. 경매로 부동산을 잘못 낙찰받으면 해당 부동산에 거주하

고 있는 임차인의 보증금을 고스란히 물어줘야 할 수도 있고, 자칫하면 소유권을 빼앗길 수도 있다. 부동산을 저렴하게 매입하려다가 크게 손해 보는 상황이 되는 것이다. 이런 문제를 사전에 방지하려면 매각물건명세서를 꼼꼼히 살펴보아야 한다. 매각물건명세서에는 매각으로 인해 소멸하지 않는 권리가 담겨 있으므로 경매에서 가장 중요한 서류다.

부동산경매에도 절차가 있다

 모든 일에는 절차가 있듯이 경매에도 절차가 있다. 낙찰받고 언제까지 잔금을 내야 하는지, 낙찰받은 물건에 이상이 있어 취소하고 싶을 때는 언제 매각불허가 신청을 해야 하는지, 잔금을 납부하고 언제 소유권이전등기 신청을 할 수 있는지 등과 같은 순서를 모른다면 힘겹게 낙찰받고도 보증금만 날릴 수 있다.
 앞에서 부동산이 어떻게 경매에 나왔는지 살펴보았다면 지금부터는 부동산이 경매에 나와 낙찰자에게 어떻게 이전되는지의 과정을 들여다보자.
 먼저 법원에서 법원게시판 또는 신문에 경매를 실시할 것이라는 공고를 낸다. 그리고 공고일로부터 14일에서 20일 후 최초 경매기일을 지정한다. 앞에서 보았듯 경매 참여자들은 입찰기일 일주일 전부터 매각물건명세서를 확인할 수 있다.

매각물건명세서는 물론 등기부등본, 전입세대열람확인서도 살피면서 철저하게 권리분석을 했다면 해당 부동산을 얼마에 낙찰받을지 결정하고, 낙찰받기 위해 입찰기일에 해당 법원으로 가야 한다. 입찰기일에 꼭 챙겨야 할 것은 신분증과 도장, 그리고 입찰보증금이다. 입찰보증금이란 최저매각가의 10% 되는 금액을 말한다. 만약 대리인이 참석할 시에는 본인의 인감도장과 인감증명, 대리인의 신분증과 도장, 위임장을 준비해야 한다.

2등, 3등에게도 기회를 주는 차순위 매수신고제도

경매가 시작되면 각 부동산의 가장 높은 가격을 쓴 사람이 낙찰받게 된다. 이를 '최고가 매수신고인'라고 하고, 그 아래 가격으로 낙찰받으려던 낙찰자들을 '차순위 입찰자'라고 한다. 참고로 '차순위매수신고제도'라는 것이 있다. 최고가 입찰자가 여러 가지 이유로 잔금 납부를 하지 않았을 때 차순위 입찰자들이 낙찰받을 수 있는 제도다. 차순위 입찰자란 최고가 다음의 2등 입찰자가 아닌 최고가 아래로 낙찰받으려는 모든 사람을 뜻하기 때문에 해당 부동산 입찰자 모두에게 기회가 있다. 2등이 차순위매수신고를 하지 않으면 3등이, 3등이 하지 않으면 4등이 낙찰받을 수 있다. 단, 모든 차순위매수신고자에게 자격이 주어지는 것은 아니다. 낙찰금액에서 입찰보증금을 뺀 금액 이상을 써낸 사람만 차순위매수신고가 가능하다.

가령 최저 매각가는 4억 원(입찰보증금 4,000만 원)이고, 최고가 매수 신고인이 4억 7,000만 원에 낙찰받았다고 하면, 이 경우 4억 3,000만 원 이상을 써낸 사람에게만 차순위매수자격이 주어진다. 차순위매수신고는 집행관이 해당 부동산의 경매를 마무리하기 전까지 할 수 있다.

사실 필자는 개인적으로 이 방법을 추천하지 않는다. 차순위매수신고인은 무조건 입찰보증금을 맡겨야 하기 때문이다. 최고가매수신고인이 잔금 납부를 포기하여 기회가 온다면 다행이지만 그렇지 않다면 한 달 반 이상 입찰보증금이 그대로 묶여 있어야 한다. 또한 부동산에 큰 문제가 없는 이상 최고가매수신고인이 낙찰보증금을 포기할 확률은 높지 않다.

만약 낙찰자가 없다면 해당 부동산은 유찰되어 20%가 가감된 금액으로 경매에 다시 나오게 된다(지역에 따라 30%가 떨어지는 곳도 있다).

감정가 5억 원인 부동산을 아무도 입찰하지 않는다면 약 한 달 뒤에 4억 원으로 다시 경매가 진행되는 것이다. 서울을 기준으로 이야기하면 한 번 유찰 시 감정가의 80%, 두 번 유찰 시 64%, 세 번 유찰 시 51%의 가격으로 다시 경매에 나온다.

그렇다면 부동산가격이 0원에 가까워질 때까지 유찰이 될까? 그렇지 않다. 경매에는 '무잉여'라는 것이 있다. 무잉여란 경매를 신청한 사람이 배당받을 금액이 없는 경우를 말하는데 이 경우 경매는 취소가 된다.

예를 들어 최초 5억 원으로 경매가 시작했지만 세 번 유찰되어 2억 5,600만 원까지 떨어진 부동산이 있다고 가정해보자. 이때 3억 원의 근저당설정을 먼저 한 A은행이 있고, 그 이후에 1억 원의 근저당설정을 한 B은행이 있는데 B은행이 경매를 신청했다고 한다면, 그리고 이 부동산이 3억 원에 낙찰된다면 근저당권자끼리는 먼저 설정된 자가 먼저 배당을 받기 때문에 3억 원은 전부 A은행이 배당을 받게 되고 B은행은 배당을 받을 돈이 없다. 이 경우 '무잉여'로 경매가 취소된다. 하지만 3억 1,000만 원에 낙찰된다면 B은행이 1,000만 원이라도 받을 수 있으므로 경매는 진행된다. 그래서 후순위 채권자가 경매 신청자라면 무잉여가 될 확률이 높기 때문에 선순위 채권자가 경매를 중복 신청하는 경우가 있으므로 참고하자.

낙찰만 받으면 바로 내 집이 될까?

어렵게 집을 낙찰받은 이후에는 언제 잔금을 납부하고, 어떻게 명의 이전을 받을 수 있을까? 잔금을 납부하고 바로 내 집이 되면 좋겠지만 절차가 필요하다. 입찰 후 일주일 이내에 법원에서는 낙찰을 허가할 것인지, 불허가할 것인지 매각허부결정을 내린다. 그러나 결정을 내린다고 해서 끝나는 것이 아니다. 해당 부동산의 이해관계인들이 매각허가결정에 대해 항고를 한다면 항고심이 진행된다. 이 경우 결정선고가 잠시 미뤄지고 경매 절차는 지연된다.

물론 무조건 항고를 할 수 있는 것은 아니다. 절차에 중대한 문제가 있을 경우에만 할 수 있다. 또 항고를 하는 자는 매각대금의 10분의 1에 해당하는 현금 또는 법원이 인정한 유가증권을 공탁해야 한다.

항고 시에는 결과가 나오기 전까지 매각허가결정을 내릴 수 없기 때문에 경매가 지연되지만 항고가 인정되지 않는다면 공탁금이 모두 몰수되므로 이해관계인들이 쉽게 항고하기는 힘들며, 실무에서 항고 사유가 인정되는 경우는 매우 드물다.

만약 매각허가결정 후 일주일 내에 이해관계인들의 항고가 없다면 결정선고를 내린다. 낙찰이 확정되는 것이다. 그리고 다시 3일 뒤에 잔금 납부기일을 지정한다. 이때부터 30일 이내에 납부해야 소유권이전등기와 함께 인도명령 신청을 할 수 있다.

만약 여러 가지 이유로 잔금납부기일까지 잔금을 납부하지 못한다면 입찰보증금은 몰수되고 해당 부동산은 재매각을 진행한다. 이때 입찰보증금은 최저 매각가의 10%에서 20%로 바뀐다. 그러므로 재매각되는 물건을 낙찰받고 싶다면 입찰보증금이 얼마인지 꼭 확인하도록 하자. 낙찰받고도 입찰보증금이 부족해 무효가 되는 사례도 종종 나온다.

다만 낙찰자가 재경매 3일 전까지 이자(지연이자 연 12%)와 함께 잔금을 납부하면 보증금을 몰수당하지 않고 소유권을 이전받을 수 있다.

낙찰받더라도 잔금을 납부하기 전까지는 경매는 취하가 될 수 있다. 채무자가 채권자에게 채무를 변제하면 가능한데 민사집행법에는 낙찰자가 있는 경우 낙찰자의 동의를 받아야 한다고 나와 있지만 낙찰자가 동의를 해줄 리는 만무하고, 실무에서는 낙찰자의 동의가 없더라고 취하가 가능하다. 이 경우 연 2% 이자와 함께 입찰보증금을 돌려받게 된다. 또한 낙찰자도 매각불허가결정을 신청할 수 있는데 민사집행법 121조 6호에 의거 낙찰 이후 권리관계에 대한 변동이 있거나 없었던 사실이 새로이 밝혀진 경우에는 가능하고 매각불허가결정을 법원이 받아들이면 보증금을 돌려받을 수 있다.

소유권이전등기 어떻게 할까?

여기서 배당에 대해 잠깐 살펴보자. 낙찰자가 매각대금을 지급하면 법원은 배당기일을 정하고 이해관계인과 배당을 요구한 채권자에게 통보한다. 매각대금이 납부되면 보통 4주 뒤에 배당기일이 정해지고 채권자들은 각자의 권리에 따라 배당받게 된다. 그리고 낙찰자는 잔금 납부 후에 진짜 내 집이 될 절차만 밟으면 된다. 바로 소유권 이전등기다. 이때 낙찰자가 인수하지 않을 것은 말소해달라고 등기관에게 촉탁할 수 있다. 단, 등기와 말소 비용은 낙찰자가 부담해야 한다.

집행법원은 낙찰자의 주민등록등본, 등록세영수필통지서 및 영수필확인서, 국민주택채권매입필증 등 서류를 받아 소유권이전등기나 말소를 촉탁할 수 있다. 이로써 부동산경매의 절차는 끝나게 된다.

부동산이 경매에서 낙찰받기까지의 순서

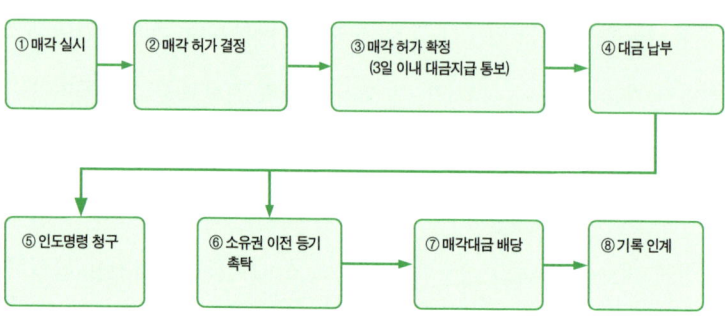

| 3장 |

부동산경매 전, 등기부등본부터 파헤쳐라

부동산 등기부등본이란 무엇인가?

성인이 되어 독립하거나 결혼할 때 월세든 전세든 매매든 부동산계약을 하게 된다. 이때 꼭 확인해야 할 것이 있다. 바로 부동산 등기부등본이다. 모든 부동산에는 등기부등본이 존재하고, 이것은 해당 부동산의 권리관계를 일반인들에게 공시하는 자료다. 그런데 많은 이들이 이 부동산 등기부등본의 중요성을 간과한다. 그래서 전세사기 등 각종 부동산 사기가 발생하는 것이다. 개중에는 등기부등본이 어떻게 구성되어 있는지, 어떻게 봐야 하는지 모르는 사람도 있다. 목돈이 들어가는 부동산 매매나 임차를 겁도 없이 하는 사람들이 많은 것이다.

공인중개소에서는 계약 직전에 부동산 등기부등본을 떼어준다. 요즘은 옛날과 달리 등기부 보며 권리관계에 이상이 없는지 꼼꼼히 설명해주는 공인중개사들이 대부분이지만 그래도 내가 직접 보고 문제가 없는지를 파악할 수 있어야 하지 않을까?

등기부등본의 구성

부동산 등기부등본이란 한마디로 해당 부동산의 역사가 담겨 있는 문서라고 할 수 있다. 언제 보존등기를 했는지, 어떤 사람들에게 소유권이 이전되어 왔는지, 면적은 어떻게 되는지, 전세권이나 저당, 가압류 등이 있는지 한눈에 볼 수 있다.

경매가 신청되면 등기부등본에 법원직권으로 등기가 되는데, 이를 모르고 간혹 경매개시 이후에 월세나 전세로 임차인이 들어오는 경우가 있다. 이 경우 경매로 다른 사람이 낙찰받으면 보증금을 한 푼도 받지 못하고 쫓겨나야 상황도 많이 나온다. 그러므로 경매를 하든 하지 않든, 좋아하든 싫어하든 부동산 등기부등본은 대한민국 사람이라면 꼭 볼 줄 알아야 한다.

두부 한 모를 살 때도 얼마나 싱싱한지, 가격은 얼마인지 꼼꼼하게 따져보지 않는가? 그런데 두부보다 몇천 배, 몇억 배는 비싼 집을 사면서 해당 부동산의 등기부등본을 보지 않는다는 것은 얼마나 무책임한 것인가. 등기부등본을 발급받는 것은 아주 간단하다. 등기소에 직접 가서 발급받거나 인터넷등기소에서도 열람하거나 발급받을 수 있는데 인터넷등기소 앱도 있어서 휴대폰으로도 손쉽게 발급받을 수 있다.

부동산 등기부등본은 크게 표제부, 갑구, 을구로 구성되어 있다. 표제부에는 부동산의 소재지와 현황이, 갑구에는 소유권에 관한 사항(가등기, 가처분, 예고등기, 가압류, 압류, 환매등기, 경매기입등기 등)이, 을구에는 소유권 이외에 관한 사항(저당권, 전세권, 지역권, 지상권, 주택임차권 등)이 기재되어 있다. 다음 장부터 표제부, 갑구, 을구를 나눠 자세히 설명하도록 하겠다.

건물과 토지의 소유권이 다르다?

다른 나라의 경우 건물과 토지에 대한 소유권을 분리하지 않아서 건물 소유권자와 토지 소유권자가 동일하다. 그러나 우리나라에서는 건물과 토지에 대한 소유권을 각각 별개로 인정한다. 그래서 건물과 토지에 대한 소유권이 다른 경우가 있다. 건물 전체에 대해 하나의 소유권을 인정하고 토지 전체에 대해 또 하나의 소유권을 인정하는 것이다. 따라서 건물 등기부등본과 토지 등기부등본이 따로 존재한다. 이는 우리나라에서만 볼 수 있는 독특한 현상이다.

건물과 토지에 대한 소유권이 분리된 부동산 종류에는 단독 주택, 다가구주택, 상가 등이 있다. 이러한 일반건축물은 건물과 토지의 소유권을 각각 별도로 보기에 그 소유자가 같을 수도 있고 다를 수도 있다. 그렇기 때문에 집합건물이 아닌 일반건축물을 매매하려 할 경우, 토지 등기부등본과 건물 등기부등본을 모두 확인해야 한다. 반면에 한 건물에 구분소유적 관계로 각각 개별적인 소유권을 가진 부동산도 있는데 이러한 부동산을 '집합건물'이라 한다. 아파트, 연립주택, 다세대주택, 오피스텔, 주상복합, 분양상가 등이 여기에 속한다. 같은 땅 위에 여러 사람이 모여 있는 것이기 때문에 이들에게는 '대지권'이 주어진다.

표제부, 부동산의 소재지와 현황을 담다

▶ 서울 강동구 소재 다세대주택 등기부등본의 예

먼저 일반인들이 가장 많이 접하게 되는 건물 등기부등본을 기준으로 살펴보자. 다음 페이지의 등기부등본을 보면 가장 먼저 표제부를 볼 수 있다. 서울 강동구 소재 다세대주택 등기부등본의 예를 보면 표제부에 부동산 표시에 관한 사항이 나온다.

여기서 ①을 보면 건물 표시가 나온다. 집합건물은 구분소유적 관계로 한 건물에 각각의 개별적인 소유권을 가지고 있는 부동산이기 때문에 여기에 속해 있는 건물 전체에 대한 내역이 나온다. 표제부의 건물 표시를 보고 건물 전체에 대한 면적과 각층에 대한 면적 등을 확인할 수 있다.

②를 보면 대지권의 목적인 토지 표시가 나오는데 해당 부동산이 위치한 토지에 대한 전체 내역을 나타낸다. 이를 통해 지목과 전체 면적이 234㎡라는 것을 확인할 수 있다.

③을 보면 집합건물의 경우에는 표제부가 하나 더 존재하는데, 바로 해당 호수(101호)에 대한 내역이다. 이를 '전유부분'이라고 부른다.

④에는 건물 내역이 나온다. 철근 콘크리트조 60.42㎡라고 표시되어 있는데 이를 '전용면적'이라고 부른다. 집합건물의 면적은 바로 이 전용면적을 통해 알 수 있다. 한 평이 약 3.3㎡이므로 이 부동산의 전용면적은 18.3평이다. 빌라는 전용면적에서 14~18을 더하면 흔히 이야기하는 평형이 나오고, 아파트의 경우에는 보통 6~9를 더하면 된다.

⑤에는 해당 호수(101호)에 대한 대지 표시가 나온다. 101호에 대한 대지지분은 ⑥대지권비율에서 확인할 수 있다. 이 경우 전체 234㎡ 중 29.73㎡의 대지지분을 가지고 있는 것이다. 한마디로 이 부동산은 약 9평의 대지지분을 가지고 있는 다세대주택이라고 할 수 있다. 이렇게 표제부에는 부동산 표시가 나와 있으므로 해당 부동산에 대한 내역을 확인할 수 있다.

갑구에는 무엇이 담겨 있는가?

등기부등본상에서 표제부 다음에는 갑구를 볼 수 있다. 갑구에는 소유권에 관한 사항이 표시된다. 그렇다면 갑구에는 어떤 내용들이 들어가는지 자세히 살펴보자.

소유권보존이란?

소유권보존은 새로 등기용지를 개설할 때 하는 등기를 말한다. 최초의 소유자가 자신의 소유권을 등기하는 것이 바로 '소유권보존등기'다.

【 갑 구 】 (소유권에 관한 사항)				
순위번호	등기목적	접 수	등기원인	권리자 및 기타사항
1	소유권보존	2002년3월21일		소유자 이▓▓ ▓▓▓▓-1▓▓▓▓▓▓ 서울 강서구 ▓▓▓ ▓ ▓

【 갑 구 】			(소유권에 관한 사항)	
순위번호	등 기 목 적	접 수	등 기 원 인	권리자 및 기타사항
1	소유권보존	2006년7월25일 ▓▓▓▓		소유자 ▓▓▓▓제건축조합 서울특별시 강북구 ▓▓▓▓
2	소유권이전	2006년8월7일 ▓▓▓▓	2005년9월12일 매매	소유자 명▓▓ ▓▓▓-2****** 서울특별시 성북구 ▓▓▓▓ ▓▓▓▓

매매, 증여, 경매, 상속 등의 이유로 소유권이 바뀌는 경우 소유권이전등기를 한다. 따라서 소유권이전등기 사항을 확인하면 현재 소유권을 가지고 있는 사람이 누구인지 알 수 있다.

압류와 가압류도 등기한다

갑구에는 압류 등기와 가압류 등기가 있는데, 가압류는 '금전채권에 대한 보전처분'을 뜻한다. 상대방에게 금전적인 채권을 받아야 하는 경우 이 채권을 회수하기 위해서는 소송 등을 통해 '집행권원'을 받아야 한다. 집행권원을 받았다 하더라도 채무자가 재산을 빼돌리거나 재산상에 변동사항이 생길 경우 채권을 회수하는 데 어려움을 겪을 수 있다. 그래서 내가 받고자 하는 금전채권을 보전하기 위해 가압류 신청을 한다. 가압류 신청을 해놓으면 상대방의 부동산을 예비적으로 묶어놓을 수 있기 때문이다. 쉽게 말해 A가 B에게 받을 돈이 있으면 B의 재산을 가압류하여 돈을 받을 수 있는 길을 보전하는 것이다.

가압류는 앞에서도 이야기했듯 임시, 일시적으로 묶어둔다는 의미이지만 본안소송을 통해 집행권원을 확보하게 되면 압류의 효력을 가지게 된다. 다만 일반 채권자들은 압류등기를 하지 못한다. 등기부등본에 나오는 압류등기는 전부 세금 체납 등의 이유로 시·군·구청, 세무서 등에서 하는 것이다.

가처분이 필요한 이유는?

가처분이란 '행위채권에 대한 보전처분'을 뜻한다. 가압류는 금전채권에 대한 것이고, 가처분은 채권 자체가 행위에 대한 것이다. 한마디로 어떤 행위채권을 청구하기 위해 이 현상을 동결하고자 하는 것인데, 이러한 가처분의 종류에는 점유이전금지가처분과 처분금지가처분이 있다.

점유이전금지가처분은 점유자가 점유를 이전하는 것을 금지하고 그 현상을 동결하고자 하는 것인데, 흔히 인도명령 신청 시에 활용한다. 낙찰된 부동산에 점유하는 자 중에는 인도명령 대상이 있는데, 이들은 더 이상 이 부동산에 머물 권한이 없기 때문에 해당 부동산을 비워줘야 한다.

인도명령 신청은 실제 점유하고 있는 자를 상대로 한다. 만약 해당 부동산의 인도명령 대상자가 홍길동이라면 홍길동을 상대로 인도명령 신청을 하는 것이다. 법원에서는 약 1~2주 후에 인도명령 결정을 내리고, 이에 대한 결정문을 대상자에게 송달한다. 그런데 홍길동이 아닌 박길동으로 점유자가 바뀌었다면 박길동에게는 인도명령의 효력이 없기 때문에 박길동을 상대로 다시 인도명령을 신청해야 한다. 어쩌겠는가? 다시 박길동을 상대로 인도명령 신청을 하고 1~2주일을 기다려야 한다. 그 이후에 결과가 나오고 송달되었는데 이번엔 점유자가 김길동이라면 이 역시 인도명령의 효력이 없다.

이처럼 점유자가 자꾸 바뀌면 인도명령만 계속해야 하기 때문에 시간을 낭비하게 된다. 얼마나 짜증 나겠는가. 이때 점유이전금지가처분을 통해 이 현상을 동결시킬 수 있다. 홍길동을 상대로 인도명령 신청 시에 점유이전금지가처분을 같이 하게 되면 설령 점유자가 바뀐다 하더라도 인도명령에 대한 효력이 발생한다. 인도명령은 곧 '부동산을 인도하라'는 행위에 대한 청구다. 인도명령이라는 행위채권을 청구하는 데 있어 이 현상을 동결하고자 점유를 이전하지 못하게끔 점유이전금지가처분을 신청해 인도명령의 효력을 발생시킬 수 있는 것이다.

그렇다면 처분금지가처분이란 무엇일까? 이것은 부동산의 처분을 금지하고자 그 현상을 동결하는 데 목적이 있다. 매매, 양도, 증여, 전세권 설정, 근저당설정, 임차권설정 등의 처분행위를 금지하는 것이다.

가령 철수가 부동산을 소유하고 있는데 이를 영수에게 팔기로 약속하면서 영수에게 미리 매매대금을 받았다. 추후 영수는 소유권을 이전해줄 것을 요구했는데 철수가 이를 따르지 않자 화가 난 영수는 소유권이전등기청구 소송을 진행했다. 소송에서 영수는 승소했고 소유권을 이전받으려 했는데 이미 철수 소유의 소유권이 순희에게 이전된 것을 알게 되었다. 게다가 순희는 대한은행에서 대출을 받아 근저당까지 설정해놓은 상태다.

이 경우 과연 순희는 영수에게 소유권을 넘겨줘야 하고, 대한은행의 근저당권은 무효가 되는 것일까? 순희나 대한은행 모두 이러한 소송이 진행되고 있다는 사실을 알지 못했고 예상할 수도 없었다. 이러한 권리자들을 '선의의 제삼자'라고 한다. 소송에서 승소판결은 선의의 제삼자에게 효력이 없다. 그러므로 영수는 승소했음에도 불구하고 이 부동산의 소유권을 취득할 수 없다. 그러나 만약 순희에게 소유권이 넘어가기 전 권리의 변동사항을 막기 위해 영수가 해당 부동산에 대해 처분금지가처분을 신청했다면 그 현상을 동결시킬 수 있고 설령 그 이후 순희에게 소유권이 이전되었다 하더라도 순희는 그러한 사실을 예견하거나 알지 못했다 할 수 없기에(이 경우 '악의'라 한다) 영수가 소송에서 승소한다면 소유권을 이전받을 수 있다.

이는 자신의 채권을 실현하기 위한 조치다. 가처분 이후에 권리의 변동사항이 있다 하더라도 영수가 승소한다면 그 이후의 모든 권리자에게도 효력이 있다. 그렇기 때문에 영수는 소유권을 정당히 취득할 수 있고 다른 권리자들은 전부 무효가 된다.

또한 처분금지가처분에는 피보전권리라는 것이 있는데, 피보전권리란 가처분을 신청하기 위한 요건이다. 간단히 말하자면 원고가 청구하는 권리다. 즉, 앞의 경우 피보전권리는 '소유권이전등기청구권'이 된다. 가처분에는 뒤에서 언급할 건물철거 가처분이라는 것도 있는데, 이 역시 처분금지가처분이지만 건물을 철거하고자 진행하는 소송으로 피보전권리는 '건물철거청구권'으로 진행된다.

가등기란?

가등기란 본등기의 순위보전을 위해 하는 예비등기로, 아직 소유권을 취득하고 있지 않으나 이에 대한 예약자로서 권리를 확보하기 위해 하는 것이다. 여기에는 소유권이전청구권 가등기와 담보 가등기가 있다.

먼저 소유권이전청구권 가등기부터 알아보자. 보통 매매계약 시 매매대금의 10%를 계약금으로 지급하고, 중도금 지급 날에 약 40%를 추가로 낸다. 매매대금의 반을 송금했으나 계약금이나 중도금을 치른 것만으로는 소유권을 주장할 수 없다. 만약 이 상태에서 채무자의 빚으로 인한 가압류등기 또는 이중계약 등 해당 부동산의 권리변동사항이 일어난다면 지급한 대금을 모두 잃는 상황이 나올 수 있다. 이러한 것을 방지하기 위해 가등기라는 제도를 활용할 수 있다. 가등기는 소유권을 이전받을 수 있는 권리로, 가등기를 하는 동시에 순위를 보전할 수 있다. 가등기를 하게 된다면 차후에 다른 권리의 변동사항이 있다 하더라도 가등기에 대한 소유권이전 본등기를 실행할 시에는 가등기 이후의 모든 권리를 소멸시킬 수 있다.

실무에서는 이 가등기를 흔히 매매예약 가등기라 부른다.

그다음으로 담보 가등기에 대해 살펴보자. 담보 가등기는 가등기의 형식을 갖춘 담보 형태를 말한다. 부동산을 채권담보로 하는 근저당과 비슷한 형태인데, 근저당의 경우에는 채권을 변제하지 않으면 부동산의 경매 신청을 통해 채권을 회수할 수 있다. 반면 담보 가등기는 채권자와 채무자, 제삼자 사이에서 대물변제 예약 또는 매매예약 등을 하고 동시에 채무자가 채무를 이행하지 않을 때 발생하게 될 장래의 소유권이전청구권을 보전하기 위해 하는 것이다. 이는 미리 가등기를 하는 변칙담보로, 근저당권과는 달리 소유권을 이전받을 수 있는 권리가 있다.

다만 소유권이전청구권 가등기나 담보 가등기는 등기 상에서 구분할 수 없다. 담보 가등기를 '담보 가등기'라는 명칭으로 등기를 하는 경우는 굉장히 드물기 때문이다. 소유권이전청구권 가등기로 등기가 되어 있어도 담보 가등기로 권리가 변할 수 있는데 이 성질이 매매예약인지 담보인지 알 수가 없는 것이다. 그럼에도 경매에서 담보 가등기를 자주 접하게 되는데, 그 이유는 경매 절차에서는 가등기 권리자가 자신의 권리가 무엇인지 법원에 신고하기 때문이다. 이때 아무런 권리 신고를 하지 않으면 매매예약을 원인으로 하는 소유권이전청구권 가등기로 보고, 만약 가등기 권리인이 배당 요구(채권신고)를 하게 되면 이 가등기는 담보 가등기로 보게 된다. 경매에서 담보 가등기는 근저당권과 효력이 같기 때문에 소유권을 이전받을 수 있는 권리는 없고 근저당권자처럼 배당만 받고 소멸하게 된다.

소송이 있다는 것을 알려주는 예고등기

예고등기란 제삼자에게 경고해주는 등기를 말한다. 갑구에는 소유권에 관한 사항이 기재되어 있는데, 여기서 변동사항이 있을 수 있다는 것을 경고해주는 것이다. 주로 소유권 등기 원인의 무효, 취소로 인한 등기 말소 또는 회복에 관한 소송이 제기된 경우이기 때문에 소송 결과에 따라 낙찰자는 소유권을 상실할 수 있다.

소송에서 승소는 선의의 제삼자에게는 효력이 없다고 앞에서 언급했다. 그런데 소송 중에는 선의, 악의를 불문하고 모든 사람에게 대항할 수 있는 쟁점의 소송이 있다. 원고가 승소하면 모든 권리자가 무효가 될 수도 있는 소송이다. 이때 억울한 사람이 발생하지 않도록 법원에서 직권으로 예고등기를 촉탁해서 선의의 제삼자에게도 소송의 영향이 미친다는 것을 경고하는 것이다. 따라서 예고등기가 있을 경우 초보자들은 절대 함부로 입찰해서는 안 된다.

참고로 예고등기는 2011년 10월 13일부로 폐지되었기에 지금은 나오지 않는 권리이다.

환매등기란?

환매등기란 소유권을 다시 되가져갈 수 있는 권리이다. 갑돌이 소유의 소유권을 채권자인 갑순이에게 이전하고 이 부동산에 환매등기를 하게 되면 소유권자인 갑돌은 환매권을 갖게 되는데 특약사항을 이행하면 갑돌이는 다시 소유권을 되가져 갈 수 있다. 환매기간은 5년으로 정해져 있으므로 5년까지만 갑돌이는 소유권을 되돌릴 수있는 권리를 갖는다.

경매기입등기도 갑구에 등기된다

채권자가 경매를 신청했을 때 이에 대한 내용도 등기부등본에 등기된다. 다음과 같은 형태로 등기부등본에 적혀 있다.

| 6 | 임의경매개시결정 | 2023년9월12일 제164403호 | 2023년9월12일 서울남부지방법원의 임의경매개시결정 4) | 채권자 서울 (여신관리부) |

을구, 소유권 이외에 관한 사항을 담다

을구에는 소유권 이외에 관한 사항이 표시된다. 여기에 어떤 내용이 들어가는지 살펴보자.

먼저 을구에서는 근저당을 확인할 수 있다. 근저당이란 부동산을 담보로 돈을 빌리고 이에 대한 처분권한을 가지고 있다는 것을 공시하는 권리다. 근저당권자는 채무자가 채무를 이행하지 않을 경우 저당권을 실행하여 부동산에 대한 임의경매 신청 후 본인의 채권을 배당받을 수 있다.

근저당은 보통 채권최고액으로 설정하는데, 원금보다 많은 약 110~150%의 금액으로 설정한다. 만약 대출원금이 3억 원이고 채권최고액 비율을 120%로 설정했다고 가정한다면 근저당권자는 3억 원이 아니라 3억 6,000만 원을 채권최고액으로 설정하는 것이다. 이는 추후 발생할 지연이자까지 감안한 것으로, 채권최고액 비율이 110%가 될지, 150%가 될지는 이자율에 따라 달라진다.

토지를 사용할 수 있는 지상권

지상권이란 타인의 토지를 사용 수익할 수 있는 권리이며, 타인 토지 위에 공작물(건물 등)을 짓거나 수목을 심기 위해 해당 토지를 사용할 수 있는 권리를 말한다. 가령 철수 소유의 토지가 있다. 이 토지를 사용하고 수익할 수 있는 권리는 철수가 가지고 있지만 이 권리를 철수가 다른 사람(영희)에게 줄 수도 있는데, 그 권리를 공시하는 것이 지상권이다. 영희가 철수와 협의해 등기부등본에 지상권을 설정한다면 영희는 철수 소유의 토지를 사용하고 수익할 수 있다. 쉽게 말해 영희가 철수의 땅에 건물을 짓거나 수목을 소유할 수 있는 것이다.

지상권 설정 후에 철수가 이 토지를 다른 사람에게 매도한다고 하더라도 견고한 건물(석조, 석회조, 연와조 등)은 30년, 기타 건물은 15년, 공작물은 5년간 그 권리를 주장할 수 있다. 그렇기 때문에 소유권이 다른 사람에게 넘어가도 영희는 그 토지를 존속기간까지 사용할 수 있다.

지상권설정 당시 지료를 내기로 약정을 했다면 지료를 내야 하고 지료를 2년간 연체하면 이는 지상권소멸 사유가 된다.

지역권이란?

지역권은 본인 소유의 토지를 이용하기 위해 타인의 토지를 편익에 이용할 수 있는 권리를 말한다. 이는 맹지에서 흔히 발생한다.

그렇다면 맹지란 무엇일까? 다음과 같이 1부터 9까지의 토지가 있다고 할 때 5번 토지와 같이 도로가 없는 토지를 맹지라고 하는데, 지역권은 이러한 맹지 소유자를 위한 제도라고 할 수 있다.

1	2	3
4	5	6
7	8	9

5번 토지가 6번 토지와 지역권설정을 통해 통행 등의 권리를 가져가게 되는데 이때 6번 토지를 '승역지'라 하고, 5번 토지를 '요역지'라고 한다. 등기부등본을 보면 5번 토지에는 지역권설정 요역지, 6번 토지에는 지역권설정 승역지라고 표시되어 있는 것을 확인할 수 있다.

6	지역권변경	2006년4월12일 제9441호	2006년4월11일 변경계약	목 적 통행 범 위 토지의 전부 요역지 인천광역시 강화군 ▓▓▓▓ ▓▓▓ ▓▓ 인천광역시 강화군 ▓▓▓▓ ▓▓▓ ▓▓	
7	요역지지역권			승역지 경상북도 영주시 ▓▓▓▓▓ ▓▓▓ ▓▓ 목 적 토지의 통행 범 위 동측100㎡ 2006년9월11일 등기	

부동산을 사용 수익하는 전세권

전세권이란 보증금을 지급하고 부동산 용도에 따라 사용 수익할 수 있는 권리를 말한다. 전세권자가 직접 그 부동산을 사용할 수도 있지만 수익을 할 수 있으므로 임대인의 동의가 없어도 전대차(전전세) 계약이 가능하다. 이러한 권리를 임대인과 협의하에 등기부등본에 공시하는 것인데, 민법 제303조에 나오는 권리로, 후순위 채권자보다 우선하여 보증금을 변제받을 수 있으므로 경매 절차에서 임차인이 전입신고와 확정일자를 받은 것과 같은 효력을 갖는다.

그러나 전세계약이 곧 전세권 설정은 아니라는 사실을 기억하자. 일반적인 월세, 전세계약은 주택임대차보호법에 해당하고, 전세권 설정은 민법에 해당한다. 전세권 설정은 앞서 말했듯 등기부등본에 권리를 공시하는 것이므로 임대인과의 협의가 되어야만 설정할 수 있다.

임차인을 보호하는 주택임차권

가령 임차인이 계약기간이 만료되었음에도 불구하고 보증금을 돌려받지 못하고 이사하게 되었다. 그런데 그 이후 해당 주택이 경매로 넘어간다면 종전에 취득했던 대항력 및 우선변제권이 상실되므로 해당 주택의 경매 절차에서 자신의 권리를 주장하지 못한다. 결국 못 받은 보증금은 돌려받기 힘들어지는 것이다. 주택임차권은 이러한 문제를 해결하기 위한 제도다.

   주택임차권을 등기하게 되면 임차인은 자신의 전입신고일자와 확정일자를 등기부등본에 공시함으로써 대항력 및 우선변제권을 유지하게 된다. 다음에 해당 주택이 경매로 진행된다고 하더라도 해당 경매 절차에서 자신의 권리를 주장할 수 있으므로 설령 그 집을 비운다고 하더라도 권리 행사에는 제약을 받지 않는다. 이러한 주택임차권 등기 명령은 반드시 계약이 종료된 후, 보증금을 반환받지 못한 경우에만 할 수 있으며 시군법원, 지방법원, 지방법원지원 등에서 신청할 수 있다. 과거에는 임차권등기 신청에 대한 송달이 임대인에게 이루어져야만 가능했지만 전세 사기가 기승을 부린 이후 현재는 임대인에게 송달이 되지 않아도 임차권등기 신청이 가능하다.

| 4장 |

부동산경매의 꽃, 권리분석을 확실히 하라

채권과 물권의 개념을 바로 알자

앞에서 살펴본 부동산 등기부등본을 보는 방법이 부동산경매의 전부이면 좋겠지만 사실 지금부터가 시작이다. 부동산경매를 하기 위해서는 이제부터 본격적으로 공부를 시작해야 한다. 부동산 등기부등본을 보는 방법은 부동산경매를 할 때도 중요하지만 살아가는 데 있어 서도 꼭 알아야 하는 사항이므로 부동산경매에 관심이 없더라도 3장까지는 필수적으로 알아두도록 하자.

부동산경매를 하기 위해서는 '경매의 기초'인 권리분석을 할 줄 알아야 한다. 이는 경매를 할 때 가장 중요한 부분이기도 하다. 권리분석을 잘못하면 큰 문제를 떠안고 있는 부동산을 낙찰받을 수도 있기 때문이다.

그럼 어디서부터 시작해야 할까? 가장 먼저 채권과 물권의 개념부터 제대로 이해하고 넘어가 보자.

채권과 물권의 차이

먼저 채권부터 간단하게 살펴보자. 채권(債權)이란 상대방에게 어떤 의무를 이행하라고 청구할 수 있는 권리다. 채권자가 채무자에게 돈을 달라고 하는 행위가 바로 이 채권이며, 이는 사람에 대한 청구권이다.

가압류, 가처분 집행권원이 대표적인 채권이다. 가압류를 하는 이유는 상대방에게 받아야 할 금전채권이 있기 때문이고, 가압류를 함으로써 채무자가 재산을 처분하지 못하도록 막기 위해서다. 가압류는 금전채권인 반면 가처분 상대방에 대한 행위채권이다

그렇다면 물권(物權)이란 무엇일까? 물권은 채권처럼 사람에 대한 권리가 아닌 어떤 물건에 의해 발생한다. 즉, 물건에 대한 청구권이며, 물건에 대한 지배권을 가져가는 것을 뜻한다. 특정인과의 채권 관계로 일어나는 것이 아니라 어떤 물건으로 인해 발생하는 것이기 때문에 모든 사람에게 주장할 수 있다. 근저당, 전세권, 담보 가등기 등이 물권에 속한다.

경매에 있어서 물권은 매우 중요하므로 좀 더 자세하게 알아보도록 하겠다. 먼저 물권은 어떤 특성이 있을까?

첫째, 객체에 대한 직접적인 지배성이 있다. 말이 조금 어렵지만 쉽게 풀어 이야기하면 다른 사람의 행위를 매개하지 않고 사람이 직접

물건을 지배해 스스로 이익을 얻을 수 있다는 뜻이다.

둘째, 객체에 대한 배타적 지배성이 있다. 즉, 한 물건에 같은 내용의 물권이 성립할 수 없다는 것을 뜻한다. 예를 들면 소유권자가 두 명, 지상권자가 두 명이 될 수 없다. 공동 소유가 있지 않냐고 반문할 수 있겠지만 그것은 소유권이 두 개인 것이 아닌 공유지분으로 공동으로 소유권을 갖는 것이다. 등기부등본을 보면 각각 몇분의 몇 지분을 나눠 갖고 있다는 것을 알 수 있다. 단, 용익물권(전세권, 지상권, 지역권)은 겹치지 않는 범위 내에서 동일 물건상의 복수 물권이 성립 가능하다. 또한 담보물권(저당권, 질권, 유치권)도 동일 물건에 대해 복수 설정이 가능하다. 용익물권과 담보물권은 뒤에서 좀 더 자세히 살펴볼 것이다.

셋째, 권리의 절대성이 있다. 절대성이 있으므로 물권은 모든 사람에게 주장이 가능하다.

넷째, 양도성이 있다. 이전이 가능하다는 뜻이다.

민법에서 인정하는 물권의 종류

민법 제185조 물권법정주의에 의하면 "물권은 법률 또는 관습법에 의하는 외에는 임의로 창설할 수가 없다."고 되어 있다. 물권은 법률과 관습법으로 정해져 있다. 물권의 종류에 대해 자세히 살펴보자.

먼저 민법에서 인정하는 물권에 대해 알아보자. 여기에는 점유권, 소유권, 지상권, 지역권, 전세권, 유치권, 질권, 저당권이 있다.

'점유권'은 물건을 사실상 지배하는 권리이고, '소유권'은 어떤 물건을 사용 및 수익하고 처분할 수 있는 절대적인 권리를 말한다. 렌터카 회사에 가서 자동차를 렌트한다고 가정해보자. 돈을 지불하고 자동차를 렌트한다면 이 자동차를 사실상 지배하는 권리인 점유권은 나에게 있지만 이 자동차를 수익, 처분까지 할 수 있는 권리는 없다.

즉, 이 자동차의 소유권은 렌터카 회사에 있는 것이다.

이번에는 어떤 사람이 어떤 건물을 소유하고 있다고 가정해보자. 이 건물의 소유권자는 이 건물을 사용하고 수익할 수 있다. 그리고 사용하고 수익할 수 있는 권리를 다른 사람에게 줄 수 있으며, 이를 등기부등본에 공시할 수 있다. 여기에서 발생하는 권리가 바로 '전세권'이다.

전세권자는 전세권을 설정하고 이 건물에 대해 사용하고 수익할 수 있는 권리를 가져가게 되는 것이다. 이 건물이라는 물건에 대한 권리이기에 전세권 역시 물권이라 부른다.

만약 토지를 소유하고 있는 자가 그 토지를 사용하고 수익할 수 있는 권리를 다른 사람에게 주고 그 내용을 등기부등본에 공시한다면 해당 토지에 '지상권'을 설정하게 된다. 이 토지를 사용하고 수익할 수 있는 권리를 지상권자가 가져가게 되는 것이다. 맹지에서 발생하는 권리인 '지역권' 역시 사용하고 수익할 수 있는 권리를 소유권자가 가지고 있기에 이에 대한 권리를 타인에게 줄 수 있다. 이 가운데 전세권, 지상권, 지역권은 바로 사용하고 수익할 수 있는 권리에서 발생하기 때문에 '용익물권'이라고 부른다. 이들 역시 토지라는 물건에 대한 권리이기에 물권이라 부른다.

또한 소유권자는 해당 부동산을 처분할 수 있는 권리를 갖고 있으므로 그 부동산을 담보로 대출을 받아 근저당을 설정할 수 있다. 근저당을 설정하게 되면 이 부동산에 대한 처분 권한은 저당권자에게 있고, 채권을 변제하지 않으면 이 부동산의 처분 권한으로 경매를 신청해 채권을 회수하게 된다.

만약 나에게 값비싼 시계가 있다고 가정하자. 그런데 당장 돈이 필요해 전당포에 가서 시계를 담보로 돈을 빌렸다면 이를 '질권'이라고 한다.

질권을 설정하게 되면 이 시계에 대한 처분권한을 질권자(전당포 주인)가 가지고 있으므로 채권을 변제하지 않으면 이 시계를 처분해서 자신의 채권을 회수할 수 있다.

이번엔 시계가 고장 나서 수리점에 맡겼다고 가정해보자. 시계 수리점은 시계를 수리하고 시계를 담보로 수리대금이 변제되기 전까지 시계를 유치할 수 있다. 이를 '유치권'이라 한다. 만약 수리대금을 계속 변제하지 않는다면 시계 수리점에서는 이 시계를 처분해 수리대금을 회수할 수 있다.

다만 부동산에서 유치권은 공사대금으로 인해 발생한다. 공사업자가 공사를 한 후 공사대금을 받지 못하면 공사대금을 받기 전까지 이 부동산을 유치할 수 있다.

　부동산 유치권자 역시 채권이 변제되지 않으면 소송을 통해 부동산에 대한 처분권한을 갖는다.

　근저당권, 질권, 유치권은 처분 권한으로 인해 발생하는 권리이고, 이 물건을 담보하고 있기에 '담보물권'이라 한다. 민법에서 인정하는 물권은 앞의 8대 물권 이외에는 없다.

관습법상에서 인정하는 물권

　관습법상에서 인정하는 물권으로는 법정지상권, 분묘기지권이 있다. 앞에서 잠깐 이야기했던 민법 제279조의 지상권이란 권리는 타인 소유의 토지를 사용하고 수익할 수 있는 권리를 말한다. 토지 소유자와 협의해 권리를 취득하고 이를 등기부에 공시하고 약정하기에 '약정 용익물권'이라고도 한다.

　가령 토지 소유자와 구두상으로만 협의하고 등기부등본에는 지상권을 설정하지 않은 채 토지 위에 건물을 지어 사용하고 있었다고 가정해보자. 그런데 도중에 토지 소유자가 변경되었다면 어떻게 될까? 건물을 철거해야 할까? 토지 소유자가 바뀌었다는 이유로 건물을 철거해야 한다면 이는 사회경제적으로 매우 큰 손해라고 할 수 있다. 그래서 토지 소유자와 약정을 하지 않았다 하더라도 민법 제366조에서는 법정으로 지상권을 인정하고 있는데 이를 '법정지상권'이라 한다. 이 법정지상권은 성립요건을 갖추면 민법 제279조 지상권을 설정한 것과 똑같이 존속기간을 가지며, 해당 토지를 사용하고 수익할 수 있는 권리를 갖게 된다. 그러나 성립되지 않는다면 건물을 철거해야 하는 상황이 발생한다.

법정지상권은 법정으로 인정하는 것이기에 등기부등본에 등기하지 않는다. 법정지상권이 언제, 어떻게 성립할 수 있는지에 대한 내용은 뒤에서 자세히 다룰 것이다.

분묘기지권은 지상권과 유사한 관습상의 물권인데 타인 소유의 토지 위에 설치된 분묘의 기지(基地)에 대한 권리를 말한다. 다른 사람의 토지 위에 있는 분묘에 대해 분묘기지권이 성립한다면 분묘를 이장하지 않아도 되지만, 분묘기지권이 성립하지 않는다면 분묘를 이장해야 한다.

이외에도 특별법에서 인정하는 물권에는 공장저당권, 가등기담보권, 광업권이 있고 상업에서 인정하는 물권에는 상사유치권이 있다.

물권의 효력

이번에는 물권의 효력에 대해 알아보자.

첫째, 물권 상호 간 우선적 효력은 시간적으로 빠른 권리가 우선한다.

둘째, 물권은 채권에 우선한다. 동일물에 대하여 물권과 채권이 병존하는 경우 성립의 시간적 선후와는 관계없이 물권이 우선한다.

셋째, 채권과 채권이 병존하는 경우 채권평등주의가 적용되어 그 순위가 같다. 가압류와 가압류가 만난다면 성립의 시간적 선후는 중요하지 않고 순위는 동순위가 되기에 배당이 안분배당이 이루어진다.

물권의 변동

물권의 변동이란 물권의 발생, 변경, 소멸을 총칭하는 말이다. 이러한 물권 변동을 일으키는 원인으로는 법률행위와 법률의 규정이 있다.

매매로 소유권을 취득하고 협의로 전세권, 근저당, 지상권을 설정하는 것 등을 법률행위라고 한다. 민법 제186조에는 법률행위에 의한 부동산 물권의 변동에 대해 "부동산에 관한 법률행위로 인한 물권의 득실 변경은 등기하여야 효력이 생긴다."고 명시되어 있다.

예를 들어 A가 B의 부동산을 매입하기로 하고, 매매대금을 전부 지급했지만 소유권이전등기를 하지 않은 상태에서 B의 개인적인 채무로 인해 A가 매입하기로 한 부동산에 채권자들의 압류가 들어왔다. 이때 A가 본인 소유의 부동산이라고 주장해도 효력이 없다. 그래서 법률행위로 인한 물권의 득실 변경은 반드시 등기를 해야 한다.

민법 제187조에서는 법률 규정에 의한 부동산 물권의 변동에 대해 "상속, 공용징수, 판결, 경매 기타 법률 규정에 의한 부동산에 관한 물권의 취득은 등기를 요하지 아니한다. 그러나 등기를 하지 않으면 이를 처분하지 못한다."라고 규정하고 있다. 즉, 부모님이 돌아가셔서 부모님 소유의 부동산을 상속받았는데 상속 이전등기를 받지 않았다고 하더라도 상속자에게 소유권을 인정해준다는 뜻이다. 상속뿐만 아니라 공용징 수, 판결, 경매에서 역시 등기하지 않아도 이에 대한 취득이 인정된다.

다만 등기를 하지 않으면 이를 처분할 수 없기에 때문에 처분하려면 반드시 등기를 해야 한다. 돌아가신 부모님 명의의 부동산을 상속이전등기를 거치지 않고 타인에게 바로 매도할 수 없다는 뜻이다.

부동산경매의 기초, 말소기준권리의 이해

부동산경매가 일반인들에게 어려운 이유는 무엇일까? 바로 권리분석 때문이다. 권리분석은 경매의 가장 기초가 되는 부분이다. 상당수의 경매학원이 권리분석은 허투루 가르치고 임장만 주야장천 하는 경우들이 있는데 분석도 안되는데 임장을 한들 의미가 있을까? 이 책에서는 권리분석에 대해서 자세하고 꼼꼼히 가르칠 예정이다.

　부동산을 경매로 낙찰받기 위해 마음에 드는 물건들의 등기부등본을 살펴보면 흔히 근저당, 압류, 전세권 등이 그물처럼 얼기설기 엉켜있는 것을 볼 수 있다. 이 중에는 낙찰자가 인수해야 할 권리도 있고, 그렇지 않은 권리도 있다.

　권리분석의 시작은 바로 '말소기준권리' 찾기이다. 말소기준권리란 등기부등본에 보이는 여러 권리 중 하나를 기준권리로 삼으면서 기준보다 선순위에 있는 권리는 낙찰자(매수인)가 인수하고, 후순위에 있는 권리는 등기부상에서 소멸하게 하는 기준이 되는 등기를 말한다.

▶ 말소기준권리와 인수, 소멸, 소멸되지 않는 권리

인수(선순위)	가등기, 가처분, 환매등기, 임차인, 등기된 임차인 지상권, 지역권, 전세권
말소 기준 권리	근저당, 압류, 가압류, 담보가등기, 경매기입등기
소멸(후순위)	가등기, 가처분, 환매등기, 임차인, 등기된 임차인 지상권, 지역권, 전세권
소멸되지 않는 권리	가처분(건물 철거), 예고등기, 법정지상권, 분묘기지권, 유치권

말소기준권리를 찾아야 내가 낙찰받은 이후 어떤 권리를 인수하고 어떤 권리가 소멸하는지 알 수 있기 때문이다.

말소기준권리가 될 수 있는 권리에는 근저당, 압류, 가압류, 담보 가등기, 경매기입등기가 있다. 이 중에서도 시기적으로 가장 빠른 권리가 말소기준권리가 되고, 말소기준권리보다 빠른 권리들은 경매 절차에서 인수, 말소기준권리보다 시기적으로 늦은 권리들은 경매 절차에서 전부 소멸한다.

이 말소기준권리는 경매를 하는 사람이라면 기본적으로 머릿속에

자리잡혀 있어야 한다. 말소기준권리도 모르는데 경매를 한다는 것은 상상도 할 수 없는 일이다. 따라서 말소기준권리는 반드시, 그리고 당연하게 기본적으로 외우고 있어야 한다.

다음의 사례를 통해 말소기준권리를 찾아보고, 인수되는 것과 소멸하는 권리를 한번 찾아보자.

권리 내용	인수(O) / 소멸(X)
근저당	
가압류	
압류	

앞의 표에서 말소기준권리가 될 수 있는 것에는 근저당, 가압류, 압류가 있다. 이 중에서도 시기적으로 가장 빠른 근저당이 말소기준권리가 되며, 말소기준권리인 근저당부터 그 이후의 모든 권리는 소멸하므로 낙찰 이후에 등기부등본상에서 전부 말소시킬 수 있다.

이번에는 임차인이 가장 먼저인 경우를 살펴보자. 다음 사례에서 말소기준은 무엇이고, 소멸하는 권리는 어떤 것일까?

여기서 말소기준권리가 될 수 있는 권리에는 가압류와 근저당이 있지만, 이 중에서도 시기적으로 가장 빠른 가압류가 말소기준권리가 되고, 가압류 이후의 모든 권리는 낙찰 이후에 소멸한다. 하지만 말소기준권리보다 시기적으로 빠른 임차인은 말소기준보다 선순위 권리이기 때문에 소멸하지 않고 낙찰자는 이를 인수해야 한다.

전세권도
말소기준권리가 될 수 있다

앞에서 말소기준권리가 될 수 있는 권리에는 근저당, 압류, 가압류, 담보 가등기, 경매기입등기가 있다고 설명했다. 이는 매우 중요하므로 꼭 외우도록 하자. 그런데 전세권도 경매 절차에서 말소기준권리가 되는 경우가 있다. 전세권이 말소기준권리가 되기 위해서는 다음의 세 가지 요건을 충족해야 한다.

권리 내용	인수(O) / 소멸(X)
임차인	
가압류	
근저당	
가처분	

1. 건물 전체에 대한 설정이어야 한다.
2. 최선순위 전세권이어야 한다.
3. 경매 신청을 하거나 배당 요구를 해야 한다.

첫 번째, 건물 전체에 대한 설정이어야 한다는 말은 무슨 뜻일까?

401	401
301	302
201	202
101	102

〈다세대주택〉

- 전세권(302호)

다가구주택은 일반건축물이기 때문에 그 일부를 하나의 독립된 부동산으로 보지 않고 건물 전체를 한 개의 부동산으로 본다. 가령 다가구주택이 있고, 그중 302호에 전세권이 설정되어 있다면 302호는 독립된 부동산이 아니고 다가구주택 302호에 설정된 전세권은 건물 전체에 대한 설정으로 볼 수가 없다.

301	302
201	202
101	102

〈다가구주택〉
- 전세권(402호)

　다세대주택은 집합건물이기에 각각 개별 호수가 독립된 부동산이다. 가령 다세대주 택이 있고 402호에 전세권이 설정되어 있다면 402호 자체가 독립된 부동산이기에 402호 전체에 설정된 전세권은 건물 전체에 대한 설정으로 인정된다. 건물 전체에 대한 설정이라는 말은, 외형상 건물 전체를 의미하는 것이 아닌 한 개의 독립된 부동산 전체를 의미한다. 그래서 다세대주택, 연립, 아파트, 분양상가 전체에 설정된 전세권은 건물 전체에 대한 설정으로 본다.

　두 번째, 최선순위 전세권이어야 한다는 내용을 살펴보자. 이는 다음과 같이 근저당이나 가압류 같은 모든 이해관계 권리자들 가운데 시기적으로 가장 먼저 설정되어야 한다는 뜻이다.

시기 권리 내용

2024.03.05. 전세권	
2024.07.15. 근저당	
2024.10.21. 가압류	
2025.01.22. 가등기	
2025.03.13. 가처분	

마지막으로 경매 신청을 하거나 배당 요구를 해야 한다. 이는 전세권자가 해당 부동산의 경매 신청을 하거나 반드시 경매 절차에서 배당 요구 신청을 해야 한다. 앞의 세 가지 요건을 모두 충족해야 전세권은 말소기준권리가 될 수 있다.

전세권자, 언제 경매 신청을 할 수 있을까?

참고로 전세권자는 언제, 어떻게 경매를 신청할 수 있는지 알아보자.

계약이 종료된 후 보증금을 돌려받지 못하면 해당 부동산에 대한 경매 신청을 할 수 있는데, 전세권자가 경매 신청을 하면 임의경매로 진행하는 경우가 있고 강제경매로 진행하는 경우가 있다.

그렇다면 언제 임의경매로 진행이 될까? 전세권은 용익물권이다. 그러나 다세대주택처럼 건물 전체에 대한 전세권은 부동산 전체를 담보하는 담보물권적청구권을 갖게 되므로 이 경우 용익물권임에도 불구하고 담보물권으로 인정받는다. 앞에서 저당권의 실행, 담보권의 실행에 의한 경매는 임의경매로 진행된다고 했다. 따라서 건물 전체에 대한 전세권으로 경매 신청을 하게 되면 담보권 실행에 의한 경매이므로 임의경매로 진행된다.

한편 강제경매로 진행되는 경우는 어떤 때일까? 앞에서 다가구주택 일부에 설정한 전세권은 건물 전체에 대한 전세권으로 볼 수 없다고 이야기했다. 다가구주택 중 302호에 전세권 설정이 되어 있다고 가정해보자. 302호가 독립된 부동산이 아니기에 건물 전체에 대한 전세권으로 볼 수 없다. 그런데 만약 전세권자가 보증금을 반환받지 못했다면 어떻게 해야 할까?

302호가 독립된 부동산이 아니기 때문에 302호만 따로 경매 신청을 할 수는 없다. 또한 302호에 설정한 전세권은 건물 전체를 담보하는 담보물권적청구권을 갖지 못하므로 임의경매를 신청하더라도 기각이 되고 집행권원을 따로 받아 강제경매를 신청해야 한다.

따라서 건물 전체에 대한 전세권으로 경매 신청을 하는 경우에는 임의경매로 진행되고, 건물 일부에 대한 전세권으로 경매 신청을 하면 강제경매로 진행된다. 이때 말소기준권리보다 위에 있는 선순위 전세권이라면 낙찰자가 인수해야 한다.

선순위 전세권이라도 경매 절차에서 소멸하는 경우가 있다. 바로 전세권자가 경매 신청을 하거나 배당 요구를 했을 경우이다. 전세권자가 경매 신청을 하거나 배당 요구를 한다는 것은 보증금을 돌려받겠다는 의미이다. 보증금을 돌려받겠다는 의사를 표현하면서도 그 권리까지 존속시킨다면 권리를 두 번 인정하는 결과를 가져오게 된다. 그러므로 이 경우에는 선순위 전세권이라 하더라도 소멸하게 된다. 즉, 선순위 전세권이 경매 절차에서 금전채권으로 변하면 소멸하게 되는 것이다.

말소기준권리보다 후순위 권리들은 전부 소멸할까?

말소기준권리보다 후순위에 있는 권리들은 전부 소멸하는 것일까? 그렇다면 부동산경매는 무척 쉬울 것이다. 단순히 말소기준권리만 찾는다면 후순위들은 신경 쓰지 않아도 될 테니까 말이다. 그러나 부동산경매는 그렇게 단순하지 않다. 말소기준권리보다 후순위라 하더라도 시간적 선후에 상관없이 무조건 인수되는 권리들이 있다.

1. 가처분(건물철거)
2. 예고등기
3. 법정지상권
4. 분묘기지권
5. 유치권

이 다섯 가지는 시간적 선후에 상관없이 경매 절차에서 낙찰자에게 무조건 인수된다. 그리고 매각물건명세서에 인수사항으로 기재되어 있다. 다만 앞에서 언급한 바와 같이 예고등기는 폐지가 되어 등기되지 않기에 해당 사항이 없다.

인수되는 권리 vs 소멸하는 권리

다음 예제들을 통해 말소기준권리와 함께 인수되는 권리와 소멸하는 권리를 찾아 직접 체크해보자.

예제 01

설정 일자(전입일자)		권리 내용	인수(O) / 소멸(X)
2024.05.22.	갑	근저당	
2024.08.24.	을	압류	
2025.03.11.	병	임차인	
2025.04.02.	정	근저당	
2025.05.23.	무	가압류	
2025.05.29.	기	가등기	
2025.06.23.	갑	임의경매	

말소기준권리가 될 수 있는 권리는 갑의 근저당, 을의 압류, 정의 근저당, 무의 가압류가 있다. 이 중에서도 시기적으로 가장 **빠른** 갑의 근

저당이 말소기준권리가 되며, 말소기준권리부터 그 이후 모든 권리는 소멸한다. 가등기는 소유권을 이전받을 수 있는 권리인데도 소멸할까? 후순위이므로 당연히 소멸한다.

예제 02

설정 일자(전입일자)	권리	내용	인수(O) / 소멸(X)
2024.04.15.	갑	압류	
2024.09.21.	을	근저당	
2025.03.05.	병	임차인	
2025.03.22.	정	근저당	
2025.05.03.	무	가압류	
2025.05.19.	기	가등기	
2025.06.13.	갑	임의경매	

예제 02의 경우에도 말소기준권리가 될 수 있는 권리에는 갑, 을, 정, 무가 있다. 이 중에서도 시기적으로 가장 빠른 권리인 갑의 압류가 말소기준권리가 된다. 그리고 말소기준권리 밑으로 있는 후순위 권리들은 경매 절차에서 전부 소멸한다.

예제 03

설정 일자(전입일자)	권리 내용		인수(O) / 소멸(X)
2024.02.10.	갑	가압류	
2024.04.21.	을	가등기	
2025.01.05.	병	가처분	
2025.02.22.	정	환매등기	
2025.04.13.	무	임차인	
2025.05.27.	기	가압류	
2025.06.25.	갑	강제경매	

예제 03에서는 시기적으로 가장 빠른 권리인 갑의 가압류가 말소기준권리가 된다. 말소기준부터 그 이후의 모든 권리는 소멸하게 되는데 그렇다면 병의 가처분도 소멸할까? 당연히 소멸한다.

건물철거 가처분을 제외한 후순위 가처분은 전부 소멸하기 때문이다.

다시 소유권을 되가져 갈 수 있는 권리를 갖는 정의 환매등기도 소멸할까? 환매등기의 효력은 5년이지만 후순위 권리이기 때문에 이 역시 경매 절차에서 소멸한다.

예제 04

설정 일자(전입일자)		권리 내용	인수(O) / 소멸(X)
2024.01.10.	갑	가등기	O
2024.04.11.	을	근저당	
2025.02.05.	병	전세권	
2025.03.02.	정	지상권	
2025.05.13.	무	가압류	
2025.05.26.	기	임차인	
2025.06.15.	갑	강제경매	

예제 04에서 말소기준권리는 갑의 가등기가 된다. 앞에서 언급했듯이 가등기는 배당 요구를 하게 되면 담보 가등기가 된다. 갑의 가등기는 배당 요구를 했기 때문에 담보 가등기가 되고, 갑의 가등기 이후 모든 권리는 경매 절차에서 소멸한다. 말소기준권리가 갑의 가등기가 될지, 을의 근저당이 될지 정확히 알 수 없다면 입찰에 영향을 받을 수밖에 없다. 그러므로 어떤 권리가 말소기준권리인지 파악하는 것은 굉장히 중요하다.

예제 05

설정 일자(전입일자)		권리 내용	인수(O) / 소멸(X)	배당 요구 여부	비고
2024.01.04.	갑	임차인			보증금2억
2024.03.11.	을	가등기			
2024.05.15.	병	가처분			
2024.10.02.	정	환매등기			
2025.03.13.	무	임차인			
2025.04.26.	기	가압류			
2025.05.15.	갑	강제경매			

예제 05에서 말소기준권리가 될 수 있는 권리에는 을, 정, 무, 기가 있지만 이 중에서도 시기적으로 가장 빠른 권리인 을의 강제경매 기입등기가 말소기준권리가 된다. 그리고 말소기준권리 이후의 모든 권리는 소멸한다. 그렇다면 말소기준권리보다 선순위에 있는 갑의 임차인은 어떻게 될까? 선순위 권리이기 때문에 당연히 낙찰자가 인수해야 한다. 이처럼 말소기준권리보다 선순위에 있는 권리는 낙찰자가 인수해야 하는데, 임차인이 인수사항으로 남는 경우 낙찰받아도 문제가 없을까?

낙찰받아도 무방하다. 임차인이 인수된다는 것은 임차인의 보증금을 낙찰자가 물어줘야 한다는 뜻인데, 임차인의 2억 보증금을 감안하고 낙을 받는다면 문제가 되지 않는다. 이처럼 경매에서는 금전적으로 인수하는 것은 문제가 되지 않는다. 인수할 금액을 정확히 파악하고 그 금액을 감안해서 낙찰받으면 된다.

낙찰가를 산정할 때 인수해야 하는 보증금을 파악하지 못한다면 결국 크게 손해를 볼 수 있는 상황이 나오니 권리분석은 늘 꼼꼼히 해야 한다.

예제 06

설정 일자(전입일자)	권리 내용		인수(O) / 소멸(X)	배당 요구 여부	비고
2024.01.04.	갑	가등기			
2024.03.11.	을	근저당			
2024.05.15.	병	지상권			
2024.10.02.	정	전세권			
2025.03.13.	무	압류			
2025.04.26.	기	가처분			
2025.05.15.	갑	임의경매			

가등기의 경우 말소기준권리가 될 수 있지만 가등기권자가 배당 요구를 해야 담보 가등기가 된다. 그러나 예제 06에서는 갑의 가등기권자가 배당 요구를 하지 않았기 때문에 이 가등기는 소유권이전청구권 가등기(매매 예약)가 되고 말소기준권리가 될 수 없다. 따라서 말소기준권리는 을의 근저당이 되고 을의 근저당 이후의 모든 권리는 소멸한

다. 하지만 갑의 가등기는 선순위 가등기이기 때문에 당연히 낙찰자가 인수해야 한다.

　이 경우에도 예제 05처럼 낙찰받아도 무방할까? 정답은 그렇지 않다. 가등기 인수라는 것은 가등기권리자를 낙찰자가 인수해야 한다는 것을 뜻한다. 가등기는 소유권을 이전받을 권리가 있는데 만약 가등기권자가 본등기를 실행할 경우 가등기 이후의 모든 권리는 소멸한다. 이러한 가등기 권리를 낙찰자가 인수하는 것은 부담이 너무 크다. 낙찰 이후에 가등기권자가 본등기를 실행하면 낙찰자가 소유권을 상실하게 되는 상황이 발생하므로 입찰해서는 안 된다.

예제 07

설정 일자(전입일자)		권리 내용	인수(O) / 소멸(X)	배당 요구 여부	비고
2024.02.14.	갑	지상권			
2024.04.11.	을	근저당			
2024.05.25.	병	전세권			
2024.09.12.	정	환매등기			
2025.02.23.	무	가압류			
2025.03.26.	기	압류			
2025.04.15.	갑	임의경매			

　예제 07에서 말소기준권리는 을의 근저당이다. 말소기준권리 이하

의 모든 권리는 경매 절차에서 소멸하지만 말소기준권리보다 선순위에 있는 지상권은 당연히 낙찰자가 인수해야 한다. 여기서 지상권을 인수한다는 것은 지상권자의 권리를 낙찰자가 그대로 인수해야 한다는 뜻이다. 지상권의 존속기간은 30년(견고한 건물과 수목의 경우), 낙찰자는 30년간 지상권의 소멸을 청구할 수 없고, 지상권자는 30년간 이에 대한 권리를 가져간다.

예제 08

설정 일자(전입일자)		권리 내용	인수(O) / 소멸(X)	배당 요구 여부	비고
2024.03.10.	갑	가처분			
2024.06.11.	을	가압류			
2024.08.25.	병	근저당			
2024.10.11.	정	임차인			
2025.03.21.	무	가압류			
2025.04.08.	기	압류			
2025.05.11.	갑	임의경매			

예제 08에서 말소기준권리는 을의 가압류이다. 가압류 이후의 모든 권리는 경매 절차에서 소멸하지만 갑의 가처분은 말소기준권리보다 선순위 권리이기 때문에 당연히 경매 절차에서 낙찰자에게 인수된다.

가처분이 있다는 것은 소송을 진행하고 있거나 진행하게 될 수도 있다는 것을 뜻한다. 결국 낙찰자는 이 소송 결과를 인수해야 한다. 만약 이 가처분이 소유권과 관련된 분쟁소송이고, 갑의 가처분자가 승소한 다면 낙찰자가 소유권을 상실하게 되는 상황이 발생한다. 따라서 선순위 가처분이 있는 경우 절대 낙찰받아서는 안 된다.

예제 09

설정 일자(전입일자)		권리 내용	인수(O) / 소멸(X)	배당 요구 여부	비고
2024.06.10.	갑	전세권			건물 전체설정
2024.07.11.	을	압류			
2024.08.17.	병	가등기			
2024.10.25.	정	근저당			
2025.04.21.	무	가처분			
2025.05.08.	기	가압류			
2025.06.11.	갑	임의경매			

예제 09에서는 갑의 전세권이 말소기준권리가 된다. 앞에서 전세권도 말소기준권리가 될 수 있다고 설명했다. 전세권이 말소기준권리가 되기 위해서는 건물 전체에 대한 설정이어야 하고, 최선순위 전세권이어야 하고, 경매 신청을 하거나 배당 요구를 해야 하는데 예제 09에서는 이 세 가지 요건을 모두 충족했기 때문에 갑의 전세권이 말소 기준권리가 되고, 그 이후의 모든 권리는 전부 소멸하게 된다.

예제 10

설정 일자(전입일자)		권리 내용	인수(O) / 소멸(X)	배당 요구 여부	비고
2024.02.10.	갑	전세권(2층)			
2024.03.14.	을	임차인(1층)			
2024.04.20.	병	근저당			
2024.09.25.	정	압류			
2025.01.21.	무	가처분			
2025.02.12.	병	임의경매			

예제 10에서 말소기준권리는 병의 근저당이다. 이 경우 전세권은 말소기준권리가 될 수 없는 이유는 2층(일부)에만 설정된 권리이기 때문에 건물 전체에 대한 설정이 아니다.

말소기준권리가 될 수 있는 요건 중 최선순위 전세권이어야 한다는 요건만 충족되기 때문에 갑의 전세권은 말소기준권리가 될 수 없다. 따라서 말소기준권리는 병의 근저당이 되고 갑의 전세권은 배당 요구를 하지 않았기 때문에 인수해야 한다. 선순위 전세권자를 인수하는 경우 전세권자는 계약기간까지 임대차를 주장할 수 있으며, 계약만료 후에 낙찰자는 전세권자의 보증금을 반환해줘야 한다. 을의 임차인 역시 선순위 임차인이기 때문에 인수되고, 병의 근저당 이하 모든 권리는 전부 소멸한다.

예제 11

설정 일자(전입일자)	권리 내용		인수(O) / 소멸(X)	배당 요구 여부	비고
2024.06.10.	갑	전세권			
2024.07.11.	을	임차인			
2024.08.17.	병	근저당			
2024.10.25.	정	가압류			
2025.04.21.	무	가등기			
2025.05.08.	갑	강제경매			

　예제 11의 말소기준권리는 갑의 전세권이 아닌 병의 근저당이다. 전세권은 말소기준권리가 되기 위한 요건을 모두 충족한 듯 보이지만, 첫 번째 요건인 "건물 전체에 대한 설정이어야 한다."에 해당하지 않는다. 앞에서 건물 전체에 대한 전세권자가 경매 신청을 할 시에는 담보물권적청구권이 있으므로 임의경매로 진행된다고 설명했다. 그러나 여기서 전세권은 강제경매를 신청했기 때문에 건물 전체에 대한 전세권이 아닌 건물 일부에 대한 전세권이므로 말소기준권리가 될 수 없다. 또한 선순위 전세권이지만 경매 신청을 했기 때문에 낙찰자에게 인수되지 않고 경매 절차에서 소멸한다.

예제 12

설정 일자(전입일자)		권리 내용	인수(O) / 소멸(X)	배당 요구 여부	비고
2024.02.13.	갑	근저당			
2024.05.14.	을	임차인			
2024.06.17.	병	가압류			
2024.09.21.	정	가처분(건물)			
2025.02.11.	무	가등기			
2025.04.18.	갑	임의경매			

예제 12의 말소기준권리는 갑의 근저당이다. 갑의 근저당 이후 모든 권리는 경매 절차에서 소멸하지만 여기에는 순위와 상관없이 낙찰자에게 인수되는 권리가 있다. 바로 '가처분(건물철거)'이다. 이 권리는 낙찰자에게 인수되므로 소멸하지 않는다.

가처분(건물 철거)을 인수한다는 것은 건물을 철거하라는 소송이 진행 중이라는 것을 뜻하는데, 원고가 승소 시에는 낙찰 이후 건물을 철거해야 하는 상황이 발생할 수 있다. 이 경우 법정지상권의 성립 여부가 중요하므로 건물철거 가처분이 있는 경우는 함부로 입찰해서는 안된다.

예제 13

설정 일자(전입일자)		권리 내용	인수(O) / 소멸(X)	배당 요구 여부	비고
2017.05.10.	갑	환매등기			
2021.09.14.	을	근저당			
2022.10.17.	병	가압류			
2022.11.21.	정	압류			
2024.05.21.	무	근저당			
2025.06.20.	갑	임의경매			

예제 13에서 말소기준권리는 무엇일까? 바로 을 근저당이다. 을 근저당 이후의 모든 권리는 소멸한다. 그리고 선순위 권리는 인수되지만 여기서 갑 환매등기는 인수되지 않는다. 앞에서 언급했듯이 환매등기의 효력은 5년이다. 이미 5년이 지난 환매등기이므로 소멸하였고 낙찰자가 인수하지 않는다.

예제 14

설정 일자(전입일자)		권리 내용	인수(O) / 소멸(X)	배당 요구 여부	비고
2022.03.10.	갑	환매등기			
2022.04.14.	을	근저당			
2023.05.17.	병	가압류			
2024.06.21.	정	압류			
2025.01.27.	무	가처분			
2025.06.05	을	임의경매			

　예제 14의 말소기준권리는 을 근저당이다. 을 근저당 이후의 모든 권리는 소멸하지만 갑 환매등기는 선순위 환매등기이고 5년이 지나지 않았기 때문에 낙찰자가 인수해야 한다. 따라서 낙찰 이후에도 갑 환매등기자가 환매권을 행사하면 낙찰자는 소유권을 상실할 수 있다. 이처럼 경매 절차에서 인수되는 권리는 낙찰자가 그 권리를 떠안아야 하므로 인수되는 권리가 금전채권인 경우에는 인수 금액을 감안해서 입찰에 응하면 되지만 이처럼 인수되는 권리가 행위채권이라면 입찰해서는 안 된다.

| 5장 |

알아두면 돈이 되는 주택임대차보호법과 상가임대차 보호법

주택임대차보호법, 제대로 알아야 제대로 보호받는다

일반인들이 부동산경매를 어려워하는 이유는 법과 관련된 내용들이 많기 때문이다. 단어 자체가 생소해 따로 공부를 하지 않고서는 이해하지 못하는 경우가 많다. 주택임대차보호법, 상가임대차보호법도 경매를 다루는 사람이라면 반드시 알아야 할 사항이다. 이 법들을 왜 알아야 경매를 할 수 있는지 천천히 알아본다.

먼저 주택임대차보호법에 대해 살펴보도록 하자.

주택임대차보호법 제1조

이 법은 주거용 건물의 임대차에 관하여 민법에 대한 특례를 규정함으로써 국민의 주거생활의 안정을 보장함을 목적으로 한다.

주택임대차보호법은 주택 소유자에 비해 상대적으로 사회적 경제적 약자인 주택임차인을 보호하려는 법이다.

사회정책 상의 목적을 달성하기 위해 1981년 3월 5일에 제정된 특별법이다. 주거용 건물의 임대차에 관해 민법에서 여러 가지 특례를 규정하고 있으며, 이 법의 규정에 위반된 약정으로서 임차인에게 불리한 것은 그 효력이 없다고 규정한다. 한마디로 임차인들의 지위를 보장하고자 제정된 법이다.

그렇다면 주택임대차보호법의 적용 범위를 살펴보자.

주택임대차보호법 제2조

이 법은 주거용 건물의 전부 또는 일부의 임대차에 관하여 이를 적용한다. 그 임차주택의 일부가 주거 외의 목적으로 사용되는 경우에도 또한 같다.

여기서 주거용 건물이란 토지에 정착하는 공작물 중 지붕 및 기둥 또는 벽 등 이에 부수되는 시설물로 주거에 이용되는 건물을 의미한다. 그리고 그 건물은 벽과 지붕이 있고 풍우를 막을 수 있으며 이동할 수 없는 시설물이어야 한다.

그렇다면 주거용 건물이라고 어떻게 판단할 수 있을까? 건물의 현황, 용도 등에 비추어 일상생활의 기와침식(起臥寢食: 먹고 자는 것) 사용 여부에 따라 실질적으로 판단해야 하고, 등기부등본이나 건축물대장 등 공부상의 표시에 의하여 판단하지 않는다. 즉, 등기부나 건축물 대상에 주거용 주택이라고 되어 있지 않다고 하더라도 주거용으로 사용되고 있다면 주거용 건물로 인정된다.

   그러나 주거용 건물의 판단기준 시점은 임대차 계약 체결 시로 보아야 한다. 비주거용 건물을 임차해 임차인이 사용 중에 임의로 개조하여 주거용으로 사용한 경우에는 주택임대차보호법 적용 대상에서 제외된다. 또한 계약 체결 시 주거용 주택을 사무용으로 계약했다면 이는 주택임대차보호법 적용 대상에서 제외된다.

임차인은 대항력과 우선변제권을 갖춰야 한다

부동산경매를 할 때 자주 듣는 말이 있다. 바로 대항력과 우선변제권이다.

먼저 대항력부터 살펴보자. 이미 성립한 권리관계를 제삼자가 부인할 수 없도록 정한 법률상의 권능을 대항력이라고 한다. 이는 곧 다른 사람에게 주장할 수 있는 힘이기도 하다. 즉, 임차인에게 대항력이 있다면 부동산이 경매로 넘어간다고 해도 임차인은 자신의 낙찰자에게 권리를 주장할 수 있다. 그러므로 대항력은 임차인은 물론이고 낙찰자에게도 매우 중요하다. 이와 관련된 법에는 어떤 내용이 담겨 있는지 그 의미를 살펴보자.

주택임대차보호법 제3조 1항

임대차는 그 등기가 없는 경우에도 임차인이 주택의 인도와 주민등록을 마친 때는 그 익일부터 제삼자에 대하여 효력이 생긴다. 이 경우 전입신고를 한 때 주민등록이 된 것으로 본다.

민법에서 임대차는 반드시 등기를 해야만 대항력이 생기지만, 민사특별법의 주택임대차보호법에서는 임차인이 등기를 하지 않아도 주택의 인도와 주민등록 전입신고를 마치면 대항력을 부여한다. 앞에서 말소기준권리보다 선순위 임차인은 낙찰자가 인수하고 후순위 임차인은 소멸한다고 했다. 임차인이 말소기준권리보다 선순위인지 후순위인지를 판단하는 것은 바로 임차인의 전입신고일자를 기준으로 한다. 그래서 임차인이 주택의 전입신고와 인도를 마치면 이를 대항력이라 부르고, 말소기준권리보다 빠른 임차인을 '대항력 있는 선순위 임차인', 말소기준권리보다 늦은 임차인을 '대항력 없는 후순위 임차인'이라고 부른다.

상가임대차의 경우 임차인이 사업자등록과 인도를 마치면 익일부터 제삼자에 대한 효력이 발생한다. 따라서 사업자등록일자가 말소기준권리보다 빠르면 '대항력 있는 선순위 임차인'이 된다.

그렇다면 우선변제권이란 무엇일까? 이것은 임차인이 보증금을 우선 변제받을 수 있는 권리를 뜻한다. 그 내용은 다음과 같다.

주택임대차보호법 제3조의 2(보증금의 회수)

① 임차인이 임차주택의 대하여 보증금반환청구소송의 확정판결이나 그밖에 이에 준하는 집행권원에 기한 경매를 신청하는 경우에는 민사집행법 제41조 규정에 불구하고 반대의무의 이행 또는 이행의 제공을 집행개시의 요건으로 하지 아니한다.

② 제3조 1항의 대항요건과 임대차계약증서상의 확정일자를 갖춘 임차인은 민사집행법에 의한 경매 또는 국세징수법에 의한 공매 시 임차주택의 환가대금에서 후순위권리자나 기타 채권자보다 우선하여 보증금을 변제받을 권리가 있다.

민사집행법 제41조(집행 개시의 요건)

① 반대의무의 이행과 동시에 집행할 수 있다는 것을 내용으로 하는 집행권원의 집행은 채권자가 반대의무의 이행 또는 이행의 제공을 하였다는 것을 증명하여야만 개시할 수 있다.

② 다른 의무의 집행이 불가능한 때 그에 갈음하여 집행할 수 있다는 것을 내용으로 하는 집행권원의 집행은 채권자가 그 집행이 불가능하다는 것을 증명하여야만 개시할 수 있다.

여기서 말하는 반대의무란 무엇을 뜻하는 것일까? 임차인의 입장에서 보증금을 돌려받지 못해 소송을 했고, 소송에서 승소해 경매 신청을 한다면 이에 대한 반대의무를 이행해야 한다. 임차인의 입장에서는그 집을 비우는 것이 반대의무이지만, 반대의무를 이행하지 않아도 경매 신청이 가능하다는 뜻이다.

상가임대차에서도 임차인이 임대차계약증서에 확정일자를 받으면 우선변제권이 생긴다. 참고로 주택의 확정일자를 받을 수 있는 곳은 주민센터, 등기소, 공증사무소이고 상가임대차의 확정일자는 관할세무서에서 받을 수 있다.

③ 임차인은 임차주택을 양수인에게 인도하지 않으면 제2항에 규정에 의한 보증금을 수령할 수 없다.

임차인은 경매나 공매 시에 낙찰자에게 주택을 인도하지 않으면 배당을 받을 수 없다. 배당을 받으려면 낙찰자의 명도확인서와 인감도장이 있어야 하므로 낙찰자는 명도확인서를 넘겨주는 것과 주택을 인도받는 것을 동시 이행조건으로 하면 명도를 원만하게 진행할 수 있다.

즉 임차인은 경매나 공매 시에 임대차계약서에 확정일자를 받은 경우 확정일자보다 늦은 다른 권리자나 채권자보다 먼저 보증금을 배당받을 수 있다. 그래서 이러한 임차인의 확정일자를 우선변제권이라 부르며, 임차인은 반드시 확정일자가 있어야 이를 기준으로 경매 절차에서 배당을 받는다. 이 사실을 반드시 명심하자. 임차인의 대항력은 전입과 인도로 생기지만 경매나 공매 시 보증금을 배당받을 수 있는 우선변제권은 확정일자를 기준으로 한다.

임차인이 경매 절차에서 못 받은 보증금, 어떻게 될까?

주택임대차보호법 제3조의 5 (경매에 의한 임차권의 소멸)

임차권은 임차주택에 대하여 민사집행법에 의한 경매가 행하여진 경우에는 그 임차주택의 경락에 의하여 소멸한다. 다만 보증금이 전부 변제되지 아니한 대항력이 있는 임차권은 그러하지 아니하다.

설정 일자(전입일자)	권리 내용	인수(O) / 소멸(X)	배당 여부
2024.04.02.~ 2026.04.01.	임차인 (5억 원)		
2024.05.10.	근저당 (2억 원)		
2025.06.30.	임의경매 신청 (근저당)		

만약 이와 같은 부동산이 낙찰되어서 임차인이 보증금 5억 중 3억 원만 배당을 받고 2억 원을 받지 못했다면 위의 임차인은 말소기준권리보다 전입이 빠른 대항력 있는 임차인이기 때문에 임차권이 소멸하지 않는다. 즉, 소멸하지 않는 임차인은 경매 절차에서 낙찰자에게 인수되므로 임차인이 못 받은 보증금 2억 원을 낙찰자가 인수해야 한다.

다음과 같은 상황도 살펴보자.

설정 일자(전입일자)	권리 내용	인수(O) / 소멸(X)	배당 여부
2024.02.02	근저당(3억 원)		
2024.03.12.~ 2026.03.11.	임차인 (2억 원)		
2025.06.30.	임의경매 신청 (근저당)		

예를 들어 이처럼 2024년 3월 12일부터 2026년 3월 11일까지 임차를 체결한 임차인이 있는데 만약 이 부동산이 경매로 진행되고 낙찰이 된다면 임차인은 아직 계약기간이 남아 있는 상태라 하더라도 임차권은 소멸한다. 즉, 더 이상 남은 임대차를 주장할 수 없다. 그러나 보증금이 전부 변제되지 않은, 대항력이 있는 임차권은 해당하지 않는다고 규정되어 있으므로 말소기준권리보다 전입일자가 빠른 임차인 중에서 보

증금을 전액 배당받지 못한 경우 임차권은 소멸하지 않는다.

  이 경우 4억에 낙찰되어서 근저당이 3억을 배당받고 임차인이 나머지 1억만 배당을 받았다고 가정한다면 이 임차인이 못 받은 보증금 채권 1억은 소멸한다. 주택임대차보호법 제3조 5에서 규정한 대로 임차권은 경락에 의해 소멸하기 때문이다. 이 임차인은 말소기준권리보다 전입신고가 늦은 대항력이 없는 임차인이기 때문에 소멸하는 권리가 되고 낙찰자가 인수하지 않는다. 그래서 선순위 임차인은 낙찰자가 인수하고 후순위 임차인은 소멸한다는 결론이 나오게 되는 것이다. 다만 선순위 임차인이라 하더라도 보증금 전액을 배당받는다면 당연히 경매 절차에서 소멸한다.

주택임대차 계약에서 계약의 갱신은 언제까지?

이번에 알아볼 주택임대차보호법의 계약기간과 계약의 갱신은, 경매는 물론이고 전세 계약 및 재계약을 하는 사람들도 알아두면 유용하다. 주택임대차보호법은 말 그대로 임차인들을 보호하기 위한 법이므로 임차인들은 자신의 권리를 꼭 알고 있어야 한다.

주택임대차보호법 제4조 제1항(임대차 기간 등)

① 기간의 정함이 없거나 기간을 2년 미만으로 정한 임대차는 그 기간을 2년으로 본다. 다만 임차인은 2년 미만으로 정한 기간이 유효함을 주장할 수 있다.

보통 월세는 1년, 전세는 2년으로 계약을 많이 한다. 그러나 임차인은 1년을 계약했다 하더라도 2년까지 임대차를 주장할 수 있고, 임차인은 1년 계약에 대해서도 유효함을 주장할 수 있다. 이는 강행규정이기 때문에 설령 이에 대한 각서를 쓰고 계약서에 계약기간을 1년 이상 주장할 수 없다는 특약을 넣었다 하더라도 이는 효력이 없다.

> **TIP** 임대인의 입장에서 1년에 계약에 대해서 유효함을 인정받고 싶을 경우 이에 대한 제소전화해조서를 작성하면 그 1년의 계약에 대해 유효함이 인정이 된다. 참고로 주택임대차보호법에서는 임차인의 임대차 기간을 2년으로 보호하는 반면, 상가임대차보호법에서는 1년이다.

주택임대차보호법 제4조 제1항(임대차 기간 등)

② 임대차가 종료한 경우에도 임차인이 보증금을 반환받을 때까지는 임대차 관계는 존속하는 것으로 본다.

보증금 반환 전까지 임대차 관계는 존속하기에 임대인이 보증금을 돌려주지 않고 계약이 종료되었다는 이유로 임차인을 내보낼 수는 없다.

주택임대차보호법 제6조(계약의 갱신)

① 임대인이 임대차 기간 만료 전 6월부터 2월까지에 임차인에 대하여 갱신 거절의 통지 또는 조건을 변경하지 아니하면 갱신하지 아니한다는 뜻의 통지를 하지 아니한 경우에는 그 기간이 만료된

때 전임대차와 동일한 조건으로 다시 임대차한다.

임차인이 임대차 기간이 끝나기 2개월 전까지 통지하지 아니한 경우에도 또한 같다.

가령 2023년 11월 6일부터 2025년 11월 5일까지 계약한 임차인이 있다고 할 때 만약 임대인이 계약만료 시에 계약을 더 이상 연장하지 않거나 조건을 변경(보증금 증액)하고자 한다면 반드시 계약만료 6개월~2개월 사이에 이에 대한 통지를 해야 한다. 2025년 5월 6일부터 2025년 9월 5일 사이에 이에 대한 통지를 해야 하며, 통지하지 않았을 시에는 전임대차와 동일한 조건으로 임대차하기 때문에 2027년 11월 5일까지 동일한 조건으로 연장된다. 2025년 11월 5일 이후에는 보증금을 올려달라고 주장할 권리가 없는 것이다. 이를 묵시적 갱신이라 하고, 묵시적 갱신이 되면 임대인은 그 기간 동안 계약을 해지하거나 조건을 변경하지 못한다.

하지만 임대인이 임대차 기간 만료 6월~2개월 전 사이에 계약 해지를 요구하면 계약은 무조건 해지된다.

주택임대차보호법 제6조(계약의 갱신)

③ 2기의 차임액에 달하도록 차임을 연체하거나 기타 임차인으로서의 권리를 현저히 위반한 임차인에 대하여는 제1항의 규정을 적용하지 아니한다.

임대차보호법이 임차인을 위해 나온 법이긴 하지만 임차인도 임차인으로서 의무를 이행해야 한다. 차임을 2기에 달하도록 연체한다면 이는 임대차 계약 해지 사유가 된다.

그렇다면 묵시적 갱신 이후 갑자기 임차인이 계약을 해지하고 싶다면 가능할까? 이와 관련된 내용의 법도 있다.

주택임대차보호법 제6조의 2

① 제6조 제1항의 경우 임차인은 언제든지 임대인에 대하여 계약 해지의 통지를 할 수 있다.
② 제1항의 규정에 의한 해지는 임대인이 그 통지를 받은 날부터 3월이 경과하면 효력이 발생한다.

즉 묵시적 갱신이 되더라도 임차인은 언제든지 계약 해지를 통지할 수 있고 임대인이 통지를 받은 날부터 3개월이 지나면 그 효력이 발생한다.

제6조 3(계약갱신의 요구) 제6조에도 불구하고 임대인은 임차인이 제6조 제1항 전단의 기간 이내에 계약갱신을 요구할 경우 정당한 사유 없이 거절하지 못한다.

2020년 신설된 조항으로 주택임대차에서 임차인도 계약의 갱신을 요구할 수 있다. 임차인이 갱신을 요구했을 시 임대인은 정당한 사유 없이 거절하지 못하지만 다음 각호의 어느 하나에 해당하는 경우에는 거절이 가능하다.

1. 임차인이 2기의 차임액에 해당하는 금액에 이르도록 차임을 연체한 사실이 있는 경우
2. 임차인이 거짓이나 그 밖의 부정한 방법으로 임차한 경우
3. 서로 합의하여 임대인이 임차인에게 상당한 보상을 제공한 경우
4. 임차인이 임대인의 동의 없이 목적 주택의 전부 또는 일부를 전대(轉貸)한 경우
5. 임차인이 임차한 주택의 전부 또는 일부를 고의나 중대한 과실로 파손한 경우
6. 임차한 주택의 전부 또는 일부가 멸실되어 임대차의 목적을 달성하지 못할 경우
7. 임대인이 다음의 어느 하나에 해당하는 사유로 목적 주택의 전부 또는 대부분을 철거하거나 재건축하기 위하여 목적 주택의 점유를 회복할 필요가 있는 경우
    가. 임대차계약 체결 당시 공사시기 및 소요 기간 등을 포함한 철거 또는 재건축 계획을 임차인에게 구체적으로 고지하고 그 계획에 따르는 경우
    나. 건물이 노후·훼손 또는 일부 멸실되는 등 안전사고의 우려가 있는 경우
    다. 다른 법령에 따라 철거 또는 재건축이 이루어지는 경우
8. 임대인(임대인의 직계존속·직계비속을 포함한다)이 목적 주택에

실제 거주하려는 경우

9. 그 밖에 임차인이 임차인으로서의 의무를 현저히 위반하거나 임대차를 계속하기 어려운 중대한 사유가 있는 경우

② 임차인은 제1항에 따른 계약갱신요구권을 1회에 한하여 행사할 수 있다. 이 경우 갱신되는 임대차의 존속기간은 2년으로 본다.

③ 갱신되는 임대차는 전 임대차와 동일한 조건으로 다시 계약된 것으로 본다. 다만, 차임과 보증금은 제7조의 범위에서 증감할 수 있다.

④ 제1항에 따라 갱신되는 임대차의 해지에 관하여는 제6조의2를 준용한다.

⑤ 임대인이 제1항 제8호의 사유로 갱신을 거절하였음에도 불구하고 갱신요구가 거절되지 아니하였더라면 갱신되었을 기간이 만료되기 전에 정당한 사유 없이 제삼자에게 목적 주택을 임대한 경우 임대인은 갱신 거절로 인하여 임차인이 입은 손해를 배상하여야 한다.

⑥ 제5항에 따른 손해배상액은 거절 당시 당사자 간에 손해배상액의 예정에 관한 합의가 이루어지지 않는 한 다음 각 호의 금액 중 큰 금액으로 한다.

1. 갱신 거절 당시 월차임(차임 외에 보증금이 있는 경우에는 그 보증금을 제7조의2 각 호 중 낮은 비율에 따라 월 단위의 차임으로 전환한 금액을 포함한다. 이하 "환산월차임"이라 한다)의 3개월분에 해당하는 금액
2. 임대인이 제삼자에게 임대하여 얻은 환산월차임과 갱신 거절 당시 환산월차임 간 차액의 2년분에 해당하는 금액
3. 제1항제8호의 사유로 인한 갱신 거절로 인하여 임차인이 입은 손해액

이 중 가장 흔히 발생하는 문제는 임대인이 직접 거주하거나 직계가족이 거주하는 경우 갱신에 대해 거절할 수 있지만 이를 속이고 재임대를 놓는 상황이 나와 임차인들과 분쟁들이 많다. 손해배상을 하더라도 재임대를 놓는 것이 더 유리하다고 판단되어 그렇게 진행하는 임대인들을 보자면 씁쓸함이 밀려온다.

그러나 상가임대차에서는 처음 시행 당시부터 임차인은 계약갱신을 요구할 수 있고, 5년까지 갱신이 가능하다. 기존에는 임대인이 철거나 재건축을 리모델링을 한다면 제약 없이 임차인의 계약 갱신 요구를 거절할 수 있었으나, 2013년 8월 13일 개정된 사항에 따르면 앞으로는 사전에 재건축이나 철거에 대한 고지가 있거나 안전사고 우려 등에 따른 철거, 재건축이어야지만 갱신을 거절할 수 있다.

그러다 보니 모든 상가임대차계약서 특약에는 재건축이나 리모델링을 할 수 있다는 특약을 넣는 씁쓸한 상황들이 나오게 되었다. 그리고 주택임대 차에서는 2촌 이내에서 계약 승계가 가능하나 상가임대차에서는 승계 규정이 없으니 참고해두자.

그렇다면 계약갱신 시 보증금 증액은 어느 정도까지 가능할까?

주택임대차보호법 제7조(차임 등의 증감청구권)

제1항에 따른 증액청구는 약정한 차임이나 보증금의 20분의 1의 금액을 초과하지 못한다.

주택과 상가 둘 다 상한선은 연 5%이다.

주택임대차보호법 제7조의 2(월차임 전환 시 산정률의 제한)

제7조의2(월차임 전환 시 산정률의 제한) 보증금의 전부 또는 일부를 월 단위의 차임으로 전환하는 경우에는 그 전환되는 금액에 다음 각 호 중 낮은 비율을 곱한 월차임(月借賃)의 범위를 초과할 수 없다. 〈개정 2010. 5. 17., 2013. 8. 13., 2016. 5. 29.〉

1. 「은행법」에 따른 은행에서 적용하는 대출금리와 해당 지역의 경제 여건 등을 고려하여 대통령령으로 정하는 비율
2. 한국은행에서 공시한 기준금리에 대통령령으로 정하는 이율을

더한 비율

주택은 대통령령이 정한 이율은 연 2% + 기준금리와 10% 중 낮은 것을 택한다. 상가임대차의 경우는 연 12%와 기준금리 x 4.5% 중 낮은 것을 택한다.

상가임대차보호법의 적용 범위

주택임대인들을 위한 주택임대차보호법이 있듯이 상가를 임대한 사람들을 보호하기 위한 상가임대차보호법도 존재한다. 이 법은 상가건물(부가가치세법 5조, 소득세법 168조 또는 법인세법 111조의 규정에 의한 사업자등록의 대상이 되는 건물을 말한다)의 임대차에 대해 적용하되, 대통령령이 정하는 보증금액을 초과하는 임대차에 대해서는 적용하지 않는다. 이 말은 곧 모든 상가임차인이 임대차보호법에 보호를 받는 것은 아니라는 뜻이다. 다음의 표에서처럼 대통령이 정하는 보증금액을 초과하는 임차인은 상가임대차보호법 적용 대상에서 제외된다.

법 시행일	지역	보호법 적용한도액
20141.1~2018.1.25	서울	4억 원
	수도권 과밀억제권역	3억 원
	광역시(인천, 군지역 제외)	2억 4,000만 원
	기타 지역	1억 8,000만 원
2026.03.11.	서울	6억 1,000만 원
	수도권 과밀억제권역	5억 원
	부산광역시(기장군 제외)	5억 원
	부산광역시(기장군)	5억 원
	광역시(부산,인천 제외) 안산,용인,김포,광주	3억 9,000만 원
	세종, 파주, 화성	3억 9,000만 원
	그 밖의 지역	2억 7,000만 원
2019.4.2.~	서울	9억 원
	수도권 과밀억제권역	6억 9,000만 원
	부산광역시(기장군 제외)	6억 9,000만 원
	부산광역시(기장군)	6억 9,000만 원
	광역시(부산,인천 제외) 안산,용인,김포,광주	5억 4,000만 원
	세종, 파주, 화성	5억 4,000만 원
	그 밖의 지역	3억 7,000만 원

대통령령이 정한 보호법의 적용한도액은 보증금만을 기준으로 하는 것이 아니다. 보증금 + 환산보증금(월차임×100)까지 더한 금액이다.

이 금액을 초과하는 임대차의 경우는 상가임대차보호법 적용대상이 제외가 된다.

만약

2014.03.26. 상가임차인 보증금 5천만 원 / 월차임 400만 원(서울 기준)

2014.09.03. 근저당(2억 원) / 말소 기준

위와 같은 상황의 물건이 있었다고 가정하고, 그 당시의 임차인은 사업자등록 당시 보호법적용 한도액을 초과했기 때문에(서울 기준 4억) 상가임대차보호법을 적용받지 못하고 민법에 적용받았다. 상가임차인이 사업자등록을 마치면 대항력이 생기고, 확정일자까지 받으면 우선변제권이 생긴다고 했지만 이는 상가임대차보호법이 적용되는 임차인에게만 해당한다. 그러므로 앞의 임차인은 그 당시 대항력을 주장할 수 없었고, 근저당권자보다 먼저 변제를 받을 수도 없었다. 또한 경매 절차에서 소멸하는 권리이므로 낙찰자가 인수하지도 않는다. 앞의 임차인은 민법에 적용되기 때문에 등기를 해야만 대항력을 인정받을 수 있다.

이 법은 원칙적으로 시행일 이후 체결되거나 갱신된 임대차부터 적용하되(상보법 부칙 2항 본문), 다만 대항력(상보법 3조), 보증금의 우선변제권(상보법 5조) 및 소액임차인의 최우선변제권(상보법 14조)에 관한 규정은 시행 당시 존속 중인 임대차에 대하여도 적용되나, 시행 이전에 물권을 취득한 제삼자에 대하여는 그 효력이 없다.

2014. 03. 26. 상가임차인 보증금 5천만 원 / 월차임 400만 원(서울 기준)

2018. 02. 03. 근저당(2억 원) / 말소 기준

그렇다면 2014년 3월 26일(당시 상가임대차보호법 적용한도액 4억)에 상가임차인이 보증금 5천만 원, 월차임 400만 원에 체결했다면 이 임차인은 현재 임대차보호법을 적용받을 수 있을까? 이 임차인의 총액은 4억 5천만 원이기에 그 당시에는 상가임대차보호법의 적용을 받지 못했다. 즉, 2018년 1월 16일부터 개정된 법(서울 6억 1천만 원) 시행 이전부터 존속 중인 임대차인데, 법 시행 이전부터 존속 중인 임대차에 대해서도 대항력, 우선변제권 및 최우선변제권에 관해서는 적용을 하기에 상가임대차보호법에는 적용이 안 되었지만 경매가 진행될 경우 대항력과 우선변제권 및 최우선변제권은 인정이 되는 것이다. 그러나 "법 시행 전에 물권을 취득한 제삼자에 대해서는 그 효력이 없다."라고

되어 있으므로 법이 개정된다고 무조건 다 대항력과 우선변제권 및 최우선변 제권을 인정받는 것은 아니다.

이와 같이 임차인이 계약을 체결할 당시에는 상가임대차보호법의 적용을 받지 못했으나 2018년 1월 16일부터 법이 6억 1천만 원으로 개정되었고, 법 시행 이전부터 존속 중인 임대차에 대해서도 대항력, 우선변제권및 최우선변제권을 적용하기에 위의 상가임차인은 선순위 임차인의 지위도 얻을 수 있고 확정일자가 있다면 우선변제권도 인정을 받는다. 경매 절차에서 보증금 전액을 배당받지 못하면 낙찰자가 인수하게 되는데, 그 이유는 근저당이 설정된 날짜는 2018년 2월 3일이고 이 당시에는 상가임대차보호법 적용 한도액은 6억 1천만 원이었기 때문에 법 시행 이전부터 존속 중인 임대차도 대항력, 우선변제권 및 최우선변제권을 인정해주는 것을 이미 알고 있었기에 근저당권자에게 불측의 손해가 가지 않기 때문이다.

하지만 다음의 경우를 보자.

2014.05.13. 상가임차인 보증금 1억 원 월차임 350만 원(서울 기준)
2014.07.14. 근저당(1억 원)

이 상가임차인은 대항력, 우선변제권 및 최우선변제권을 인정받지 못한다. 상가임대차보호법에서는 "시행 당시 존속 중인 임대차에 대하여도 적용되나, 시행 이전에 물권을 취득한 제삼자에 대하여는 그 효력이 없다."고 이야기하는데 시행 전에 물권을 취득한 근저당권자가 있기 때문이다.

6억 1천만 원으로 개정된 것은 2018년 1월 16일이고 근저당 설정일은 2014년 7월 14일인데, 근저당을 설정할 당시에도 상가임대차보호법 적용 한도액은 4억이었다. 그런데 차후에 법이 개정되어서 6억 1천만 원까지 인정을 해주고 위의 임차인에게 대항력, 우선변제권, 최우선변제권을 적용해 준다면 근저당권자에게는 불측의 손해가 발생할 수밖에 없다. 사업자등록일자가 말소기준권리보다 빨라도 보호법 적용 한도액을 초과해 소멸하는 권리가 있고, 대항력과 우선변제권만 인정되는 경우도 있으므로 상가를 낙찰받고 싶다면 이에 대한 분석을 정확히 해야 한다.

다만 2015.05.12. 상가임대차보호법에서 보호법적용한도액을 초과하는 임대차여도 대항력은 인정해준다는 개정이 있었다.

보증금액과 월차임의 액수가 아무리 커도 대항력은 인정해준다는 것인데

2025. 2.14 상가임차인 보증금 1억 원 월차임 1000만 원(서울 기준)
2025. 4.06 근저당 2억 원

위 상가임차인의 경우 총액이 11억 원으로 이 현재 상가임대차보호법 적용 범위를 초과했지만 대항력은 인정이 된다.

다만 우선변제권이 없기 때문에 배당을 먼저 받지는 못하고 못받은 보증금을 낙찰자에게 주장해야 한다. (보호법 적용한도액을 초과하면 세무서에서 확정일자를 받을 수 없다)

| 6장 |

권리분석의 기초, 배당 차근차근 도전해 보자

배당을 정확히 알아야
낙찰가를 산정할 수 있다

배당 문제는 자꾸 풀어봐야 배당순위가 눈에 들어온다. 앞으로 풀 예제들은 배당의 기초부터 시작한다. 모두 이해하면 권리분석의 기초가 닦이는 것이고 한 단계 업그레이드될 것이다.

다음 문제들을 통해 말소기준권리는 무엇인지, 배당은 누가 받으며 어떤 순서로 배당되는지, 얼마씩 받을 수 있는지 분석해보자. 반드시 분석을 한 다음에 풀이를 읽도록 하자. 문제를 직접 푼 다음 확인하면 내가 무엇을 잘 분석했고 무엇을 잘못 분석했는지 알 수 있다.

풀이에 앞서 강조하면, 임차인은 반드시 배당 요구 종기일까지 배당신청을 해야만 배당에 참여 할 수 있고, 이는 매각물건명세서에서 확인할 수 있다. 임차인이 배당 요구 종기일까지 배당신청을 했는지 아닌지를 입찰자들은 반드시 꼭 확인해야 한다.

예제 1)

권리	권리 내용	확정일자	금액	배당 요구
임차인A	2023.04.11.	2023.04.11.	3억 원	○
근저당B	2023.07.14.		2억 원	
근저당C	2023.09.20.		1억 원	

배당금액 4억 원

　예제 01에서 경매물건의 말소기준권리는 근저당B이고 이후 모든 권리는 소멸한다. 임차인A는 말소기준권리보다 전입일자가 빠른 대항력이 있는 임차인이고, 확정일자 역시 다른 권리보다 빠르다. 게다가 임차인은 배당 요구를 했다. 임차인은 반드시 배당 요구 종기일 전까지 배당 신청을 해야만 배당을 받을 수 있다. 임차인의 배당 요구는 매각물건명세서에서 확인할 수 있다. 따라서 이 경매에서는 임차인A가 먼저 3억 원을 배당받고 나머지 1억 원은 근저당B에게 배당된다.

　주택임대차보호법 제3조의 5에 "임차권은 경락에 의해 소멸하지만 보증금을 전부 변제받지 못한 대항력 있는 임차권은 그러하지 아니하다."라고 규정하고 있다. 이 임차인은 대항력이 있는 선순위 임차인이지만 전액 배당을 받았기 때문에 낙찰자에게 인수되지 않고 소멸한다.

> **정답**

1순위 임차인A / 3억 원 배당

2순위 근저당B / 1억 원 배당(말소기준권리)

예제 2)

권리	전입/설정	확정일자	금액	배당 요구
임차인A	2023.04.11.	2023.04.11.	3억 원	X
근저당B	2023.07.14.		2억 원	
근저당C	2023.09.20.		2억 원	

배당금 4억

예제 02에서 경매물건의 말소기준권리는 근저당 B이고 이후 모든 권리는 소멸한다. 임차인A는 대항력도 있고 우선변제권도 다른 권리자보다 빠르지만 배당 요구를 하지 않았기 때문에 배당을 받을 수 없다. 따라서 배당은 근저당 B가 먼저 2억 원을 받고 나머지 2억 원은 근저당 C에게 배당된다. 임차권은 경락에 의해 소멸하지만 보증금이 전부 변제되지 않은 대항력 있는 임차권은 소멸하지 않기 때문에 이 임차인은 소멸하지 않고 낙찰자에게 인수된다. 즉, 낙찰자는 임차인의 보증금 3억 원을 반환해주어야 하고, 임차인의 임대차 기간이 남아 있다면 남은 그 기간에 대해서도 임대차를 주장할 수 있다.

정답

1순위 근저당B / 2억 원 배당
2순위 근저당C / 2억 원 배당

낙찰자는 임차인의 보증금 3억 원 인수

예제 3)

권리	전입/설정	확정일자	금액	배당 요구
임차인A	2023.04.11.	X	3억 원	○
근저당B	2023.07.14.		2억 원	
근저당C	2023.09.20.		2억 원	

배당금 4억 원

예제 03에서 말소기준권리는 근저당B이고 이하 모든 권리 들은 소멸한다. 이 임차인은 대항력은 있지만 확정일자를 받지 않았기 때문에 배당 요구를 했음에도 불구하고 배당에 참여하지 못한다. 따라서 근저당B가 먼저 2억 원을 받고 나머지 2억 원은 근저당C에게 배당된다. 이 경우 임차인은 배당을 받지는 못했지만 대항력이 있으므로 소멸하지 않는다. 따라서 임차인의 보증금 3억 원은 낙찰자가 인수해야 한다. 다만 이 임차인은 남은 임대차를 주장할 수 없다. 임차인이 배당 요구를 했다는 것은 계약의 종료를 의미하는 것이기 때문이다.

> 정답

1순위 근저당B / 2억 원 배당(말소기준권리)
2순위 근저당C / 2억 원 배당

낙찰자는 임차인의 보증금 3억 원 인수

예제 4)

권리	전입/설정	확정일자	금액	배당 요구
임차인A	2023.04.11.	2023.08.17	3억 원	○
근저당B	2023.07.14.		2억 원	
근저당C	2023.09.20.		2억 원	

예제 04에서 말소기준권리는 근저당B이고 이하 모든 권리는 소멸한다. 임차인은 대항력도 있고 확정일자(우선변제권)도 있지만 확정일자가 근저당B보다는 늦기 때문에 근저당B보다는 먼저 배당받을 수 없고, 근저당C보다는 확정일자가 빠르기 때문에 나머지 2억 원은 임차인A에게 배당된다. 그리고 이 임차인은 대항력이 있으므로 보증금 3억 원 중 못 받은 1억 원은 낙찰자에게 인수된다.

> 정답

1순위 근저당B / 2억 원 배당(말소기준권리)
2순위 임차인A / 2억 원 배당

낙찰자는 임차인A가 못 받은 보증금 1억 원 인수

예제 5)

권리	전입/설정	확정일자	금액	배당 요구
임차인A	2023.08.21.	2023.08.21	3억 원	○
근저당B	2023.07.14.		2억 원	
근저당C	2023.09.20.		2억 원	

배당 4억 원

예제 05에서 말소기준권리는 근저당B이고 이하 모든 권리는 소멸한다. 임차인은 전입일자, 확정일자가 모두 근저당B보다 늦기 때문에 먼저 배당받지 못하고 근저당B가 먼저 2억 원을 배당받는다. 그리고 나머지 2억 원은 임차인에게 배당된다. 그러나 이 경우 임차인은 대항력이 없기 때문에 임차인이 못 받은 보증금 1억 원은 낙찰자에게 인수되지 않고 소멸한다. 대항력이 없다고 해서 배당을 못 받는 것은 아니다. 대항력이 없으면 경매 절차에서 못 받은 보증금을 낙찰자가 인수하지 않을 뿐이고 본인의 순위에서 배당은 받을 수 있다.

> 정답

1순위 근저당B / 2억 원 배당(말소기준권리)

2순위 임차인A / 2억 원 배당(배당받지 못한 보증금은 소멸)

예제 6)

권리	전입/설정	확정일자	금액	배당 요구
임차인A	2023.07.26.	2023.07.01	3억 원	○
근저당B	2023.07.14.		3억 원	
근저당C	2023.09.20.		2억 원	

배당금 4억 원

예제 06에서 말소기준권리는 근저당B이고 이하 모든 권리는 소멸한다. 이 경우 임차인의 전입은 말소기준권리보다 느리지만 확정일자가 빠르다.

주택임대차보호법 3조 2에는 "1항의 대항요건과 확정일자를 갖춘 임차인은 후순위 권리자가 기타 채권자보다 우선하여 보증금 변제받을 권리가 있다."고 되어 있다. 즉, 확정일자는 대항요건이 뒷받침되어 있지 않으면 효력이 없다. 따라서 확정일자는 전입일자보다 아무리 빨라도 인정받지 못하고, 전입일자에 따라 인정받기 때문에 이 임차인의 우선변제권은 2023년 7월 26일부터다. 그래서 근저당B가 먼저 3억 원을 배당받고 나머지 1억 원은 임차인에게 배당된다. 그리고 이 임차인은 대항력이 없기 때문에 못 받은 보증금은 낙찰자가 인수하지 않고 소멸한다.

> **정답**

1순위 근저당B / 3억 원 배당(말소기준권리)
2순위 임차인A / 1억 원 배당(배당받지 못한 보증금은 소멸)

예제 7)

권리	전입/설정	확정일자	금액	배당 요구
임차인A	2023.07.14.	2023.07.14	3억 원	○

근저당B	2023.07.14.		3억 원	
근저당C	2023.09.20.		2억 원	

배당금 4억 원

예제 07에서 말소기준권리는 근저당B이고 이하 모든 권리는 소멸한다. 이 경우 임차인의 전입 날짜와 말소기준권리의 날짜가 같다. 주택임대차보호법 3조에는 "임차인이 주택의 인도와 전입을 마치면 익일부터 제삼자에 대한 효력이 생긴다."라고 규정되어 있다. 대법원 판례에 따르면 임차인은 전입을 마치면 익일 0시부터 효력이 발생한다. 그러므로 이 임차인의 대항력은 15일 0시부터 발생하므로 말소기준권리보다 후순위가 된다. 확정일자는 전입보다 빨라도 인정되지 않고 전입일자를 따르기 때문에 우선변제권 역시 15일 0시부터 인정된다. 따라서 근저당B가 먼저 3억 원을 배당받은 다음 임차인은 나머지 1억 원을 배당받고 소멸한다. 임차인의 전입일자가 말소기준권리와 동일 날짜에 설정된 경우 임차인은 후순위가 된다.

> 정답

1순위 근저당B / 3억 원 배당(말소기준권리)
2순위 임차인A / 1억 원 배당(배당받지 못한 보증금은 소멸)

예제 8)

권리	전입/설정	확정일자	금액	배당 요구
임차인A	2023.07.13.	2023.07.13	3억 원	○
근저당B	2023.07.14.		3억 원	
근저당C	2023.09.20.		2억 원	

배당금 4억 원

예제 08에서 말소기준권리는 근저당B이고 이하 모든 권리는 소멸한다. 임차인의 대항력 발생일은 14일 0시부터이고 우선변제권 역시 14일 0시다. 근저당도 14일이지만 근저당을 설정하려면 등기소가 열어야 하고 빨라야 오전 9시이기 때문에 임차인이 선순위 권리가 된다. 따라서 임차인이 먼저 3억 원을 배당받은 다음 소멸하고 나머지 1억 원은 근저당B에게 배당된다. 임차인은 말소기준권리보다 하루 이상만 빠르면 대항력이 있다.

정답

1순위 임차인A / 3억 원 배당

2순위 근저당B / 1억 원 배당(말소기준권리)

예제 9)

권리	전입/설정	확정일자	금액	배당 요구
임차인A	2023.07.13.	2023.07.14.	3억 원	○
근저당B	2023.07.14.		2억 원	
근저당C	2023.09.20.		2억 원	

배당금 3억

　예제 09에서 말소기준권리는 근저당B이고 이하 모든 권리는 소멸한다. 임차인A는 말소기준권리보다 전입이 빠른 대항력이 있는 임차인이지만 확정일자가 근저당B와 같다. 임차인의 확정일자와 등기된 권리가 날짜가 같은 경우 둘의 배당은 동순위로 적용된다. 순위가 같기 때문에 둘의 채권액을 비례해 배당받는 안분배당으로 배당된다. 임차인은 3/5× 3억 원, 근저당B는 2/5× 3억 원이 배당된다. 즉, 임차인A는 1억 8,000만 원, 근저당B는 1억 2,000만 원을 배당받게 된다. 이 경우 임차인은 대항력이 있으므로 못 받은 보증금 1억 2,000만 원은 낙찰자가 인수한다.

정답

동순위배당

임차인A / 1억 8,000만 원 배당

근저당B / 1억 2,000만 원 배당 (말소기준권리)

임차인이 못 받은 보증금 1억 2,000만 원은 낙찰자가 인수

예제 10)

권리	전입/설정	확정일자	금액	배당 요구
임차인A	2023.07.10.	2023.07.10	3억 원	X
근저당B	2023.07.14.		2억 원	
근저당C	2023.07.14.		2억 원	

배당 3억 원

같은 날짜에 설정된 등기된 권리의 경우 순위는 접수번호로 정해진다. 등기부등본에 보면 접수번호가 있는데 접수번호가 빠른 권리가 선순위 권리가 된다. 예제 10에서는 근저당B가 먼저 접수되었기에 근저당B가 말소기준권리가 되고 이하 모든 권리는 소멸한다. 이 임차인은 대항력이 있고 배당 요구를 하지 않았기 때문에 2억 원 전액을 낙찰자가 인수해야 하고, 근저당B가 선순위 권리이기 때문에 근저당C보다 먼저 배당받는다. 결국 근저당B가 2억 원, 근저당C가 1억 원을 배당받

게 된다.

> **정답**

1순위 근저당B / 2억 원 배당(말소기준권리)

2순위 근저당C / 1억 원 배당

임차인이 못 받은 보증금 3억 원은 낙찰자가 인수

예제 11)

권리	전입/설정	확정일자	금액	배당 요구
임차인A	2023.07.10.	2023.07.14.	3억 원	○
근저당B	2023.07.14.		2억 원	
근저당C	2023.07.14.		1억 원	

배당금 3억 원

예제 11에서 말소기준권리는 근저당B이고 이하 모든 권리는 소멸한다. 임차인의 확정일자와 근저당B, 근저당C의 설정 일자가 같다. 이 경우 배당순위는 어떻게 될까?

임차인A와 근저당B는 동순위이고, 임차인A와 근저당C도 동순위다.

예제 09에서 언급했듯이 임차인의 확정일자와 등기된 권리의 날짜가 같으면 그 순위를 동순위로 본다. 다만 근저당B와 근저당C의 관계에서는 근저당B가 근저당C보다 선순위다. 따라서 이 경우 배당은 안분배당 후 흡수배당으로 진행된다.

먼저 안분을 하게 되면 임차인A는 3/6 × 3억 원, 근저당B 2/6 × 3억 원, 근저당C 1/6 × 3억 원으로 배당한다. 즉, 임차인은 1억 5,000만 원, 근저당B는 1억 원, 근저당C는 5,000만의 안분금액이 나오게 되는데,

임차인은 안분된 금액 1억 원 5,000만 배당을 받게 되고 근저당B는 물권이기 때문에 자기보다 후순위 권리자에 앞서 자신의 채권을 먼저 충족시킬 수 있으므로 근저당C에 배당된 5,000만 원을 흡수해 최종적으로는 임차인 1억 5,000만 원, 근저당B가 1억 5,000만 원을 배당받고 임차인은 대항력이 있으므로 못 받은 보증금 1억 5,000만 원은 낙찰자가 인수한다.

> 정답

안분배당 후 흡수배당
임차인A 1억 5천만 원
근저당B 1억 5천만 원

소유자가 임차인으로 바뀌는 점유개정

예제 1)

설정 일자(전입일자) / 확정일자	권리 내용	금액	배당 요구
2019.05.06.	소유권A		
2019.07.21. /2022.04.14.	임차인B	2억 원	○
2022.04.14.	소유권C		
2019.05.06. /2022.04.14.	임차인A	1억 원	○
2022.04.14.	근저당D	3억 원	
2022.11.04.	임의경매D		

배당금 4억 원

위의 도표를 보면 A가 2019년 5월 6일에 소유권을 취득하면서 전입신고를 했다. 그리고 2019년 7월 21일 임차인B가 2억 원에 계약하면서 전입신고를 했고, 2022년 4월 14일에 확정일자를 받았다. 동시에 C에게 소유권이 이전되었다. A는 소유권을 이전하면서 C와 임대차계약을 맺고 임차인이 되었다. 이처럼 현재 소유자에서 임차인으로 바뀌는 경우를 '점유개정'이라고 한다.

그렇다면 점유개정이 되었을 때 현재 임차인의 대항력 발생일은 언제일까? 최초 전입했던 2019년 5월 6일 당시에 A는 임차인이 아닌 소유자였기 때문에 최초 전입신고일을 대항력 발생일로 인정받지 못한다. 이렇게 점유개정이 되었을 때 임차인의 대항력은 소유권이전등기일 익일 0시부터 발생한다. 즉 소유권이전등기일인 2022.04.14. 익일 0시인 4.15일 0시부터 대항력이 발생한다.

이 경우에 배당은 어떻게 될까? 이 사건의 말소기준권리는 2022년 4월 14일의 근저당D다. 임차인A의 대항력 발생은 2022년 4월 15일 0시부터이기 때문에 A는 대항력이 없는 후순위 임차인이 된다.

확정일자는 2022년 4월 14일이지만 확정일자는 전입일자보다 아무리 빨라도 인정받지 못하고 전입일자를 따라가기에 확정일자에 대한 효력도 2022년 4월 15일 0시부터 인정된다.

반면 임차인B는 대항력이 있다. 그러나 확정일자는 2022년 4월 14일로 근저당D와 날짜가 같다. 이 경우 둘의 관계를 동순위로 보기 때문에 임차인B와 근저당D는 안분배당(채권액에 비례해 배당)한다.

임차인B: 2억 원 / 5억 원 X 4억 원 = 1억 6천만 원

근저당D: 3억 원 / 5억 원 X 4억 원 = 1억 4천만 원

이와 같이 배당되고 임차인B는 대항력이 있으므로 못 받은 보증금 4,000만 원은 낙찰자에게 인수된다.

소액임차인은
일부 보증금을 보호받는다

주택임대차보호법은 사회 경제적 약자인 임차인을 보호하기 위해 등기를 하지 않아도 임차인에게 대항력과 우선변제권을 인정한다. 임차인이 대항력과 우선변제권을 확보하지 못한 상태에서 경매가 진행되면 살던 집에서 쫓겨날 수밖에 없다. 그래서 임차인 중에서도 더 약자라고 할 수 있는 소액임차인들을 위해 최우선변제제도를 시행하고 있다. 보증금 중 일정액을 다른 권리자들보다 먼저 변제해 주는 것이 최우선변제제도이다.

주택임차인의 최우선변제는?

다음 표를 보면 법이 개정되면서 소액임차인의 범위가 점점 높아진 것을 확인할 수 있다.

기준일	지역 구분	보호대상 임차인의 범위	우선변제 받을 보증금의 범위
2016.3.31.~	서울특별시	1억 원 이하	3,400만 원
	수도권과밀억제권역 (서울시제외)	8,000만 원 이하	2,700만 원
	광역시(군제외) 안산,김포,광주,파주	6,000만 원 이하	2,000만 원
	그외 지역	5,000만 원 이하	1,700만 원
2018.09.18.~.	서울특별시	1억 1,000만 원 이하	3,700만 원
	수도권과밀억제권역 용인,화성,세종	1억 원 이하	3,400만 원
	광역시(군제외) 안산,김포,광주,파주	6,000만 원 이하	2,000만 원
	그외 지역	5,000만 원 이하	1,700만 원
2021.05.11.~	서울특별시	1억 5,000만 원 이하	5,000만 원
	수도권과밀억제권역 용인,화성,세종	1억 3,000만 원 이하	4,300만 원
	광역시(군제외) 안산,김포,광주,파주	7,000만 원 이하	2,300만 원
	그외 지역	6,000만 원 이하	2,000만 원
2023.02.21.~	서울특별시	1억 6,500만 원 이하	5,500만 원
	수도권과밀억제권역 용인,화성,세종	1억 4,500만 원 이하	4,800만 원
	광역시(군제외) 안산,김포,광주,파주	8,500만 원 이하	2,800만 원
	그외 지역	7,500만 원 이하	2,500만 원

서울의 경우 1억 6,500만 원 이하의 임차인이 모두 5,500만 원을 먼저 배당받을 수 있는 것은 아니다. 최선순위담보물권(근저당, 담보 가등기) 설정 일자를 기준으로 해서 최우선변제를 받는다.

2020년 5월 당시 서울의 경우 최우선변제 적용액은 1억 1,000만 원 이하의 임차인만 3,700만 원까지 최우선변제를 받을 수 있었다. 이때 집주인이 주택을 담보로 은행에서 대출을 받았다면, 은행에서 대출을 해줄 때 해당 주택에 아무런 권리(임차인 포함)가 설정되어 있지 않더라도 대출 이후 이 주택에 소액임차인이 들어온다면 은행보다 임차인이 경매 절차에서 먼저 3,700만 원을 배당받을 수 있다. 은행은 자기보다 먼저 배당받는 소액임차인이 있을 수 있기에 그 금액을 감안해 대출을 해준다. 그런데 2021년 5월 11일부터 법이 개정되었다고 해서 1억 5,000만 원 이하의 임차인에게 5,000만 원을 먼저 배당을 해준다면 은행 입장에서는 피해를 볼 수밖에 없기에 법이 바뀌었다고 해서 바뀐 법을 적용하지 않고, 최선순위담보물권설정일 당시의 법을 적용한다. 그리고 소액임차인이 최우선변제를 받기 위해서는 다음의 조건을 충족해야 한다.

첫째, 소액임차인에 해당해야 한다. 최선순위담보물권설정일 당시의 법을 기준으로 했을 때 소액임차인에 해당해야 한다.

둘째, 경매기입등기 이전에 대항요건을 갖추고 이를 낙찰기일까지 계속 유지해야 한다.

셋째, 배당 요구 종기일 전까지 배당 요구를 해야 한다. 소액임차인이라고 해서 무조건 배당을 해주는 것이 아니다. 반드시 배당 요구 종기일 전까지 배당신청을 마쳐야 한다. 소액임차인이 최우선변제를 받는 데 있어서 확정일자는 없어도 무방하다. 확정일자는 후순위 권리자나 기타 채권자보다 먼저 배당받을 수 있는 권리인데, 최우선변제는 순위에 상관없이 요건만 충족되면 먼저 배당받을 수 있기 때문이다.

하지만 이미 해당 부동산에 채무가 많은 상태에서 해당 부동산에 임대차를 체결한 소액임차인은 최우선변제요건을 갖추었더라도 배당에서 배제가 되므로 이 점을 꼭 기억해야 한다. 이는 채권자의 권리를 침해할 것이 예상되므로 선의의 피해자로 보지 않는 법원의 판단이다.

이와 관련한 예제를 통해 배당은 누가 받을 수 있으며, 각각 얼마씩 받을 수 있는지 살펴보자.

예제 01)

설정 일자(전입일자)	권리 내용	금액	배당 요구
2022.05.11.	근저당A	2억 원	
2022.06.24.	임차인A(확)	1억 5천만 원	○
2022.11.05.	임차인B	1억 원	○
2023.02.12.	근저당B	2억 원	
2023.07.11.	임차인C(확)	1억 6천만 원	○
2023.09.24.	임차인D	8,000만 원	X

배당금 2억 원(서울기준)

예제 01에서 말소기준권리는 근저당A이고 최선순위담보물권 역시 근저당A다. 최선순위담보물권설정일이 2022년 5월 11일이기 때문에 1억 5천만 원 이하의 임차인은 5천만 원까지 최우선변제를 받을 수 있다. 그렇기 때문에 최우선변제를 받는 임차인은 임차인A와 임차인B로 각각 5천만 원씩 최우선변제를 받는다. 그리고 나머지 1억 원은 근저당A가 배당받게 된다.

명심할 것!) 임차인C의 전입일자는 23.7.11. 이 당시 최우선변제적용액은 1억 6,500만 원.

그렇다고 임차인C가 최우선변제 5,500만 원을 받는 건 아니다!

예제 02)

설정 일자(전입일자)	권리 내용	금액	배당 요구
2022.05.11.	근저당A	2억 원	
2022.06.24.	임차인A(확)	1억 5천만 원	○
2022.11.05.	임차인B	1억 원	○
2023.02.12.	근저당B	2억 원	
2023.07.11.	임차인C(확)	1억 2천만 원	○
2023.09.24.	임차인D	7,000만 원	○

예제 02에서 말소기준권리는 근저당A이고 최선순위담보물권 역시 근저당A다. 최선순위담보물권설정일을 기준으로 최우선변제를 적용

하면 1억 5,000만 원 이하의 임차인이 5,000만 원까지 최우선변제를 받는다. 그렇기 때문에 임차인A, 임차인B, 임차인C, 임차인D 네 명 다 5,000만 원씩 받을 수 있는 요건이 된다. 그러나 최우선변제를 해당하는 모든 임차인에게 배당해주게 되면 채권자로서는 채권을 회수하는 데 어려움이 있으므로 소액임차인의 최우선변제는 배당할 금액의 2분의 1 이내에서만 가능하다. 따라서 배당금의 2분의 1인 1억 원으로만 최우선변제를 하는데 이 경우처럼 대상자가 다수인 경우 N분의 1로 나누어 갖는다.

결국 임차인A, B, C, D는 각각 2,500만 원씩 최우선변제를 받을 수 있다. 그리고 나머지 1억 원은 근저당A가 받아 간다. 이것을 정리해보면 다음과 같다. 여기서 배당규칙을 특히 명심하자.

1. 말소기준권리와 최선순위 담보물권을 찾을 것
2. 최선순위담보물권을 기준으로 소액임차인에게 배당할 것
3. 그 이후 가장 **빠른** 권리부터 순서대로 배당할 것
4. 인수할 권리는 인수할 것

상가임차인의 최우선변제는?

상가임대차보호법에도 소액임차인의 최우선변제가 있다. 다음 표를 확인해보자.

담보물권 설정일	지역	최우선변제 적용액	최우선변제액
2002.11.01. ~2010.07.25	서울특별시	4,500만 원	1,350만 원
	수도권 과밀억제권역	3,900만 원	1,170만 원
	광역시 (인천, 군지역 제외)	3,000만 원	900만 원
	기타 지역	2,500만 원	750만 원
2010.07.26. ~2013.12.31	서울특별시	5,000만 원	1,500만 원
	수도권 과밀억제권역	4,500만 원	1,350만 원
	광역시 (인천, 군지역 제외)	3,000만 원	900만 원
	기타 지역	2,500만 원	750만 원
2014.01.01. ~현재	서울특별시	6,500만 원	2,200만 원
	수도권 과밀억제권역	5,500만 원	1,900만 원
	광역시 (인천, 군지역 제외)	3,800만 원	1,300만 원
	기타 지역	3,000만 원	1,000만 원

상가는 2014.01.01. 개정 이후 지금까지 변동사항이 없다. 상가 역시 최우선변제 적용은 최선순위담보물권설정일을 기준으로 한다. 하지만 상가에서 최우선변제는 주택과 달리 보증금액만으로 적용되는 것이 아니라 '보증금+환산보증금(월차임x100)'으로 적용이 된다. 이는 상가와 주택임대차의 법 취지가 다르기 때문이다. 일반적으로 상가임대차보호법에서는 영세상인들만 최우선변제에 해당하는 경우가 대부분이다.

배당순위는 어떻게 될까?

권리분석을 하다 보면 근저당, 임차인만 있는 것이 아니라 가압류, 압류 등 다른 채권들도 있다는 것을 알 수 있다. 그렇다면 이들의 배당순위는 어떻게 될까?

1순위 - 집행비용, 유익비와 필요비

2순위 - 주택 및 상가 소액보증금, 최종 3개월 임금채권, 3년 치 퇴직금

3순위 - 당해세(집행의 목적물에 대하여 부과된 국세와 가산금)

- 국세의 법정기일 또는 지방세의 과세기준일, 납세의무성립일 전에 설정 등기된 저당권에 의하여 담보되는 채권, 확정일자를 갖춘 임차인, 전세권

4순위 - 근로기준법에 의한 임금 및 기타 근로 관계의 채권

5순위 - 국세, 지방세 등 지방자치단체의 징수금(다만 법정기일이 담보물권 설정

등기 이전인 경우에는 후순위 담보물권의 담보채권과 일반 임금 채권에 우선함)

6순위 - 국세, 지방세의 다음 순위로 징수하는 공과금(산업재해보상금, 국민건강보험료, 국민연금보험료, 고용보험료, 의료보험료 등)

7순위 - 일반채권자의 채권

집행비용은 경매 신청권자가 경매 신청 시에 예납하는 비용으로 경매 절차에서 가장 먼저 배당받는다. 유익비는 부동산의 가치를 증가하는 데 들어간 비용이고, 필요비는 부동산을 유지·보수하는 데 들어간 비용이다.

이 유익비와 필요비를 주장하는 사람은 임차인인데, 임차인의 유익비와 필요비는 경매 절차에서 가장 먼저 배당받을 수 있다. 하지만 법원에서 인정을 받아야만 가장 먼저 배당을 받을 수 있는데, 통상적으로 유익비와 필요비가 법원의 인정을 받는 경우는 극히 드물다. 배당을 받지 못한 이 유익비와 필요비는 차후 낙찰자에게 주장하는 유치권이 되기도 한다. 이에 대한 자세한 설명은 유치권을 소개할 때 다루겠다.

소액임차인의 최우선변제와 최종 3개월의 임금채권은 경매 절차에서 2순위로 배당받고, 그다음으로 당해세를 배당받는다. 당해세는 당해세 우선 원칙에 따라 1, 2순위를 제외한 모든 채권보다 우선하여 배당받았지만 전세사기 사건이 많아지면서 이에 대한 법이 개정되었다.

당해세는 저당권보다는 무조건 우선하지만 임차인, 전세권과의 관계에선 법정기일에 기준을 둔다. 즉 임차인과 전세권자는 모든 세금과의 배당관계에서 법정기일을 기준해서 배당의 순위가 가려진다.

이 경우 임차인은 당해세에 우선하여 배당받는 것이 아닌 당해세를 대신하여 배당을 받는다.

부동산에서 당해세에는 증여세, 상속세, 재평가세, 재산세, 종합토지세 등이 있다.

세금의 종류는 국세와 지방세로 나뉜다. 국세의 경우에는 법정기일, 지방세는 과세기준일과 납세의무성립일이 있다. 쉽게 말해 그 세금이 고지된 날짜를 말하는데 국세와 지방세의 경우에는 법정기일과 과세기준일을 기준으로 배당받는다. 따라서 저당권 중에서도 국세의 법정기일과 지방세의 과세기준일보다 먼저 설정된 저당권이 배당을 먼저 받지만 법정기일이나 과세기준일이 더 빠르다면 국세, 지방세가 먼저 배당을 받는다.

한편 일반채권자의 채권이 8순위로 배당을 받는데 바로 가압류의 경우가 이에 해당한다. 가압류는 배당순위가 가장 낮기 때문에 설정일자가 빠르다 하더라도 다른 권리보다 우선하여 배당받지 못한다. 그래서 가압류를 배당받을 순서가 되면 가압류 이후의 모든 권리는 안분배당으로 배당받는 것이다.

임차인과 세금의 배당관계
(feat. 순환배당)

임차인의 보증금은 국세기본법 37조7항 "상속세, 증여세 및 종합 부동산세의 우선 징수 순서에 대신하여 변제될 수 있다."라고 명시되어 있다.

즉 임차인의 확정일자가 당해세의 법정기일보다 빠르다고 해서 당해세보다 우선하여 배당받는 것이 아닌 대신하여 배당받게 된다.

1. 근저당 2억
2. 임차인 4억(확정일자가 압류의 당해세 보다 빠름)
3. 압류(당해세) 4억

낙찰금 6억의 배당순위가 있다고 가정했을때

근저당은 임차인에 앞서지만 임차인은 당해세를 대신하여 배당받고 당해세는 근저당에 앞선다.

이때 임차인이 당해세보다 우선하여 배당받는 게 아닌 대신하여 받는다는 점인데 임차인은 당해세에 대신하여 받다 보니 결국

1. 당해세 4억
2. 근저당 2억

으로 배당이 이루어지고

임차인은 당해세를 대신하여 배당받으니 당해세의 4억은 임차인에게 배당된다.

즉, 임차인 4억 근저당 2억

만약에 당해세에 대신하는 게 아닌 우선하여 받는다면?

근저당은 임차인에 우선하고, 임차인은 당해세에 우선하고, 당해세는 근저당에 우선한다. 즉 세 권리의 관계는 물고 물리는 관계이므로 순환배당이라는 것이 이루어진다.

셋이 안분배당을 하여

근저당 1억 2천

임차인 2억 4천

압류(당해세) 2억 4천 (법정기일이 임차인의 확정일자보다 늦음)

근저당은 2억 중 못 받은 8천을 임차인에게서 흡수 총 2억 중

압류에 1억 2천 흡수당하니 남은 돈 8천

임차인은 4억 중 못 받은 1억 6천 만 원을 압류에서 흡수 총 4억 중

근저당에 8천 흡수당하니 남은 돈 3억 2천

압류는 4억 중 못 받은 1억 2천만 원을 근저당에서 흡수 총 3억 6천만 중

임차인에게 1억 6천만 원 흡수당하니 남은 돈 2억

이걸 순환배당이라 한다.

실제 경매 배당 관계에서 서로 물리고 물리는 경우 이러한 순환배당이 이루어진다.

가압류

근저당

압류로 배당순서가 나온 경우들이 해당한다.

사례를 통해 배우는 가압류의 안분배당

가압류는 배당순위가 가장 낮기 때문에 설정 일자가 빠르다 하더라도 다른 권리보다 먼저 배당받지 못한다고 설명했다. 그래서 가압류가 배당받을 순서가 되면 가압류 이후의 모든 권리는 안분배당으로 배당한다. 가압류의 안분배당은 어떻게 하는지 다음의 예제를 통해 살펴보자.

예제 01)

설정 일자	권리 내용	금액
2023.04.15.	가압류A	1억 원
2023.05.24.	근저당B	2억 원
2023.07.12.	근저당C	2억 원

배당 3억 원

예제 01에서 말소기준권리는 가압류A다. 가장 먼저 설정된 권리는 가압류A이기 때문에 가압류가 먼저 배당을 받아야 하지만, 가압류는 일반채권이기 때문에 다른 권리보다 먼저 배당을 받을 수 없다. 따라서 가압류 이후의 모든 금전채권과 안분배당한다.

가압류A: 1억 원 / 5억 원 × 3억 원 = 6,000만 원

근저당B: 2억 원 / 5억 원 × 3억 원 = 1억 2,000만 원

근저당C: 2억 원 / 5억 원 × 3억 원 = 1억 2,000만 원

가압류A는 6,000만 원을 배당받지만 근저당B는 물권이고, 물권은 다른 후순위 채권보다 우선하여 배당받을 수 있으므로 자신의 청구 금액 2억 원을 채울 때까지 흡수할 수 있다. 그래서 근저당B는 근저당C의 8,000만 원을 흡수해 총 2억 원을 배당받고 근저당C는 4,000만 원만 배당받는다.

정답

동순위 가압류A: 6,000만 원 배당(말소기준권리)

동순위 근저당B: 2억 원 배당(흡수배당)

동순위 근저당C: 4,000만 원 배당

예제 02)

설정 일자	권리 내용	금액
2023.03.05.	가압류A	1억 원
2023.05.14.	근저당B	2억 원
2023.06.12.	근저당C	2억 원
2023.08.11.	가압류D	1억 원

배당금 3억 원

예제 02에서도 가장 빨리 설정된 권리는 가압류A다. 가압류A 이후의 모든 금전채권은 안분배당 된다. 그렇다면 이때 가압류D도 안분배당에 들어갈까? 채권과 채권은 동순위다. 따라서 가압류D는 가압류A와 동순위이기 때문에 가압류D도 안분배당에 포함된다.

가압류A: 1억 원 / 6억 원 × 3억 원 = 5,000만 원

근저당B: 2억 원 / 6억 원 × 3억 원 = 1억 원

근저당C: 2억 원 / 6억 원 × 3억 원 = 1억 원

가압류D: 1억 원 / 6억 원 × 3억 원 = 5,000만 원

가압류A는 5,000만 원만 배당받지만 근저당B는 자신의 청구금액 2

억 원을 채울 때까지 후순위 권리에서 배당금을 흡수한다. 그리고 그 다음 순위는 근저당C인데 물권은 채권에 우선하기 때문에 나머지 5,000만 원은 근저당C가 배당받고, 가압류D는 배당을 받지 못한다.

> **정답**
>
> 동순위 가압류A: 5,000만 원 배당(말소기준권리)
>
> 동순위 근저당B: 2억 원 배당(흡수배당)
>
> 동순위 근저당C: 5,000만 원 배당(흡수배당)
>
> 가압류D: 배당금 없음

예제 03)

설정 일자	권리 내용	금액
2023.03.05.	가압류A	1억 원
2023.05.14.	근저당B	2억 원
2023.06.12.	임차인C(확) 배당 요구	2억 원
2023.08.11.	가압류D	1억 원

배당금 3억 원

예제 02번에서도 가압류A가 가장 빠른 권리이기 때문에 가압류 이후의 모든 권리는 안분배당된다고 했다. 그렇다면 임차인C도 안분배당에 포함될까? 임차인이 배당에 참여하려면 확정일자가 있어야 하고 배당 요구도 해야 한다. 이 두 가지 요건을 채우면 당연히 임차인도 안분배당에 포함된다. 또한 임차인은 확정일자를 갖추고 배당 요구를 하면 물권화된다. 즉, 물권으로 인정을 받는데 판례에서도 법정담보물권으로 승격되었다.

가압류A: 1억 원 / 6억 원 × 3억 원 = 5,000만 원
근저당B: 2억 원 / 6억 원 × 3억 원 = 1억 원
임차인C: 2억 원 / 6억 원 × 3억 원 = 1억 원
가압류D: 1억 원 / 6억 원 × 3억 원 = 5,000만 원

가압류A는 5,000만 원만 배당을 받지만, 근저당B는 자신의 청구 금액 2억 원을 채울 때까지 후순위 권리에서 흡수한다. 그리고 그다음 순위인 임차인C는 물권으로 인정받기 때문에 가압류D보다 우선하여 나머지 5,000만 원을 배당받는다. 또한 여기서 말소기준권리는 가압류A이기 때문에 임차인C의 못 받은 1억 5,000만 원은 소멸한다.

정답

동순위 가압류A: 5,000만 원 배당(말소기준권리)

동순위 근저당B: 2억 원 배당(흡수배당)

동순위 근저당C: 5,000만 원 배당(흡수배당)

가압류D: 배당금 없음

예제 04)

설정 일자	권리 내용	금액
2023.03.05.	가압류A	1억 원
2023.05.14.	근저당B	2억 원
2023.06.12.	가압류C	2억 원
2023.08.11.	근저당D	1억 원

배당금 3억 원

예제 04에서도 마찬가지로 가압류A 아래의 모든 권리는 다음과 같이 안분배당된다.

가압류A: 1억 원 / 6억 원 × 3억 원 = 5,000만 원

근저당B: 2억 원 / 6억 원 × 3억 원 = 1억 원

가압류C: 2억 원 / 6억 원 × 3억 원 = 1억 원

근저당D: 1억 원 / 6억 원 × 3억 원 = 5,000만 원

가압류A는 5,000만 원만 배당받고, 근저당B는 자신의 청구 금액 2억 원을 채울 때까지 밑에서 흡수한다. 다음 배당 순서는 가압류C이기 때문에 가압류C 밑으로 또 다시 안분배당을 한다. 그래서 나머지 5,000만 원을 가지고 가압류C와 근저당D가 안분배당을 한다.

가압류C: 2억 원 / 3억 원 × 5,000만 원 = 3,333
근저당D: 1억 원 / 3억 원 × 5,000만 원 = 1,666

> **정답**

동순위 가압류A: 5,000 만 원 배당(말소기준권리)
동순위 근저당B: 2억 원 배당(흡수배당)
동순위 가압류C: 3,333 만 원 배당(근저당D와 5천만 원으로 2차 안분)
동순위 근저당D: 1,666 만 원 배당(가압류C와 5천만 원으로 2차 안분)

가압류C: 2억 원 / 3억 원 × 5,000만 원 = 3,333
근저당D: 1억 원 / 3억 원 × 5,000만 원 = 1,666

건물 전체와 건물 일부 전세권자의 배당 방식

예제 01)

설정 일자(전입일자)	권리 내용	금액	배당 요구	비고
2023.04.15.	전세권A	2억 원		집합건물 전부 설정
2023.05.24.	근저당B	1억 원		
2023.07.12.	임의경매A			

배당금 1억 5천만 원

예제 01에서 말소기준권리는 전세권A다. 앞에서 살펴본 바와 같이 전세권이 말소기준권리가 되기 위한 요건은 '건물 전체에 대한 설정이어야 한다', '최선순위 전세권이어야 한다', '경매 신청을 하거나 배당 요구를 해야 한다'는 것인데 전세권A는 이 세 가지 요건을 다 충족했기 때문에 말소기준이 된다. 그렇기 때문에 전세권자가 가장 먼저 1억 5,000만 원을 배당받는다. 이 경우 전세권자가 못 받은 5,000만 원은 소멸하느냐 낙찰자에게 인수되느냐에 따라 매우 큰 차이가 발생한다.

전세권자가 경매 신청을 하면 돈을 받는 금전채권이 되어 전세권 자체는 소멸한다. 하지만 만약 이 전세권자가 전입신고를 했다면 주택임대차보호법의 대항력을 주장할 수 있고, 낙찰자는 전세권자의 못 받은 보증금 채권 5,000만 원을 인수해야 한다. 이때 전세권자의 전입신고가 전세권 설정보다도 빨라야 하는가가 문제가 되는데, 설령 전입신고가 전세권 설정일보다 늦다 하더라도 낙찰자가 인수해야 한다. 그 이유는 전세권자로서의 권리와 임차인의 권리가 서로 다른 권리가 아니기 때문이다. 즉, 법률상 피담보채권이 같기 때문에 서로의 권리를 소멸하지는 못하는 것이다. 그러므로 전입신고가 되어 있다면 임차인이 못 받은 보증금은 낙찰자가 인수해야 한다.

예제 02)

설정 일자(전입일자)	권리 내용	금액	배당 요구	비고
2014.06.13.	전세권A	4억 원		다가구 주택 2층에 설정
2015.04.23.	근저당B	5억 원		
2016.05.12.	강제경매			낙찰 5억 원

건물 감정 4억 원, 토지 감정 4억 원, 총 8억에 감정되어 경매 진행

이번에는 다가구건물 일부에 전세권이 설정되어 있는 경우를 살펴보자.

다가구건물, 단독주택, 통상가 같은 일반건축물은 건물 전체를 하나의 소유권으로 인정하고 토지 전체를 하나의 소유권으로 인정한다. 그리고 건물과 토지의 소유권을 각각 별개로 인정한다. 이러한 일반건축물에 전세권 설정을 할 때는 건물등기부에만 전세권설정을 한다.

감정평가사가 해당 부동산을 감정하면 건물과 토지를 각각 따로 감정하고 두 감정가를 합한 금액을 최저매각가로 산정한다. 그러므로 건물에만 설정된 전세권은 배당을 받을 때도 건물에 대한 환가대금에 대해서만 배당을 받게 된다. 따라서 이 경우 3억 원에 낙찰이 되어도 전세권A는 건물에 대한 전세권자이기 때문에 2억 원을 모두 배당받지 못하고, 5억 원 중 건물의 환가대금에 대해서만 배당을 받는다.

건물과 토지가 각각 4억 원씩 1:1로 감정이 나왔기 때문에 배당금 5억 원 중 건물에 대한 환가대금은 2억 5,000만 원이 된다. 그러므로 전세권A는 2억 원을 배당받는 게 아니라 2억 5,000만 원을 배당받고, 나머지 2억 5,000만 원은 근저당B에게 배당된다.

예제 02의 말소기준권리는 근저당B이고, 전세권A는 선순위 전세권이다.

이때 전세권A가 못 받은 보증금 1억 5,000만 원은 어떻게 될까? 여기서 전세권A는 소멸한다. 앞에서 언급했듯이 선순위 전세권은 경매 신청을 하거나 배당 요구를 하면 소멸한다. 그러므로 전세권A가 못 받은 1억 5,000만 원은 낙찰자가 인수하지 않는다. 단, 전세권자가 전입 신고를 하였다면 대항력을 주장할 수 있으므로 못 받은 보증금은 낙찰자가 인수하게 된다.

다른 문제를 풀어보자.

예제 03)

설정 일자(전입일자)	권리 내용	금액	배당 요구
2012.04.11.	전세권A(2층)	2억 원	
2012.06.21.	임차인B(1층)	2억 원	○
2013.01.13.	강제경매A		

건물감정 2억, 토지감정 2억 총 4억 감정

배당금 3억

이 물건의 건물감정가는 2억 원, 토지감정가는 2억 원, 전세권A는 건물에 대한 전세권이기 때문에 건물에 대한 환가대금에서만 배당을 받는다. 그래서 배당금 3억 원 중 건물에 대한 환가대금은 1억 5,000만 원이므로 전세권A는 1억 5,000만 원만 배당을 받고, 나머지 1억 5,000만 원은 임차인B에게 배당된다.

전세권A가 진입신고를 하였다면 못 받은 보증금 5,000만 원을 인수해야 하고, 임차인B가 못 받은 보증금 5,000만 원은 당연히 낙찰자가 인수해야 한다. 예제 03에서는 토지와 건물의 감정을 1:1로 정했기 때문에 배당금 중 토지에 대한 환가대금이 배당금의 반이었다. 그러나 실제 경매사건을 볼 때 무조건 배당금의 반을 전세권자에게 배당해서는 안 되고, 건물과 토지에 대한 감정 비율만큼 계산해서 배당해야 한다.

배당 문제,
직접 풀어보자

○○○쪽 최우선변제표를 참고해 다음 배당 문제들을 직접 풀어보자. 설명은 반드시 풀어본 다음에 확인하도록 한다. (서울 기준)

예제 01)

소유자 나대로 경매기입등기: 2025. 01. 31.

매각 기일: 2025. 05. 31.

배당 요구 종기: 2025. 03. 30.

매각대금: 300,000,000원

이자: 3,000,000원

집행비용: 3,000,000원

배당할 금액: 300,000,000원

등기부등본 갑구 가압류권자 이채권 2024. 08. 10. 금 200,000,000원

등기부등본 을구 근저당권자 2022. 12. 20. 대한은행 금 150,000,000원
근저당권자 2023. 01. 20. 민국은행 금 100,000,000원

임차인 이몽룡
임차보증금: 금 100,000,000원
전입일자: 2023. 09. 18.

확정일자: 2023. 09. 18.
배당 요구: 2025. 03. 20.

임차인 성춘향
임차보증금: 금 150,000,000원
전입일자: 2022. 07. 30.
확정일자: 받지 않음
배당 요구: 2025. 03. 21.

말소기준권리와 최선순위 담보물권은 2022년 12.20. 대한은행의 근저당이다. 이날을 기준으로 하면 1억 5천만 원 이하의 임차인만 5,000만 원까지 소액임차인의 최우선변제를 받을 수 있으므로 ① 임차인 이몽룡, 성춘향은 각각 5,000만 원씩 최우선변제 받는다. 그리고 ② 근저당 대한은행이 1억 5천만 원을 받아 가고 ③ 근저당권자 민국은행이 나머지 5,000만 원을 배당받아 간다. 그리고 임차인 성춘향은 말소기준권리보다 전입일자가 빠른 대항력이 있는 임차인이기 때문에 성춘향이 못 받은 보증금 5,000만 원은 낙찰자가 인수한다.

> **정답**

① 성춘향, 이몽룡: 각 5,000만 원

② 근저당 대한은행: 1억 5000만 원

③ 근저당 민국은행: 5,000만 원

* 성춘향이 못 받은 보증금 5,000만 원은 낙찰자가 인수

예제 02)

소유자 나대로 경매기입등기: 2025. 01. 12.

매각 기일: 2025. 05. 20.

배당 요구 종기: 2025. 03. 10.

매각대금: 350,000,000원

이자: 3,000,000원

집행비용: 3,000,000원

배당할 금액: 350,000,000원

등기부등본 갑구 가압류권자 이채권 2024. 08. 10. 금 200,000,000원

등기부등본 을구 근저당권자 2022. 10. 28. 대한은행 금 150,000,000원

근저당권자 2022. 11. 10. 민국은행 금 100,000,000원

임차인 이몽룡

임차보증금: 금 150,000,000원

전입일자: 2022. 09. 18.

확정일자: 2022. 09. 18.
배당 요구: 2025. 03. 11.

임차인 성춘향
임차보증금: 금 120,000,000원
전입일자: 2022. 07. 30.
확정일자: 받지 않음
배당 요구: 2025. 03. 09.

말소기준권리와 최선순위 담보물권은 대한은행의 근저당이다. 2022.10.28일을 기준으로 하면 최우선변제를 받을 수 있는 조건은 1억 5천만 원/5,000만 원이다. 그런데 임차인 이몽룡은 1억 5,000만 원 이하의 임차인이지만 최우선변제를 받지 못한다. 배당 요구 종기일이 지나서 배당 요구를 했기 때문에 안 한 것으로 간주한다. 따라서 최우선변제를 받는 임차인에는 성춘향만 해당한다. 결과적으로 ①성춘향이 최우선변제를 5,000만 원 먼저 받고, ② 대한은행 근저당이 1억 5,000만 원 배당받는다. 그리고 남은 5천만 원은 ③ 민국은행에게 배당된다. 임차인 이몽룡은 대항력이 있는 선순위 임차인이기 때문에 못 받은 보증금 1억 5,000만 원은 낙찰자가 인수한다.

정답

① 성춘향: 5,000만 원

② 대한은행: 1억 5,000만 원

③ 민국은행: 5,000만 원

* 이몽룡의 못 받은 보증금 1억 5,000만 원은 낙찰자가 인수

예제 03)

소유자 나대로 경매기입등기: 2024. 07. 10.

매각 기일: 2025. 01. 20.

배당 요구 종기: 2024. 11. 5.

매각대금: 400,000,000원

이자: 3,000,000원

집행비용: 3,000,000원

배당할 금액: 400,000,000원

등기부등본 갑구 가압류권자 이채권 2024. 06. 10. 금 200,000,000원

등기부등본 을구 근저당권자 2023. 10. 28. 대한은행 금 250,000,000원

근저당권자 2024. 01. 10. 민국은행 금 200,000,000원

임차인 이몽룡

임차보증금: 금 200,000,000원

전입일자: 2023. 11. 18.

확정일자: 2023. 11. 18.

배당 요구: 2024. 11. 1.

임차인 성춘향

임차보증금: 금 250,000,000원

전입일자: 2022. 07. 30.

확정일자: 받지 않음

배당 요구: 2024. 10. 09.

말소기준권리와 최선순위담보물권은 대한은행 근저당이다. 대한은행 근저당을 기준으로 하면 최우선변제를 받을 수 있는 임차인은 1억 6,500만 원/5,500만 원이기 최우선변제에 해당하는 임차인은 없다. ①대한은행 근저당이 2억 5,000만 원을 가장 먼저 받고 ②임차인 이몽룡이 1억 5,000만 원을 받는다. 임차인 성춘향은 대항력이 있으므로 못 받은 보증금 2억 5,000만 원은 낙찰자가 인수한다. (이몽룡은 대항력이 없기에 못 받은 보증금 5,000만 원은 인수하지 않는다.).

정답

① 대한은행: 2억 5,000만 원

② 이몽룡: 1억 5,000만 원

* 성춘향이 못 받은 보증금 2억 5,000만 원은 낙찰자가 인수한다.

예제 04)

소유자 나대로 경매기입등기: 2024. 06. 10.
매각 기일: 2024. 11. 12.
배당 요구 종기: 2024. 09. 30.
매각대금: 400,000,000원
이자: 3,000,000원

집행비용: 3,000,000원

배당할 금액: 400,000,000원

등기부등본 갑구 가압류권자 이채권 2024. 2. 10. 금 200,000,000원

등기부등본 을구 근저당권자 2022. 9. 15. 대한은행 금 250,000,000원

근저당권자 2022. 11. 10. 민국은행 금 200,000,000원

임차인 이몽룡

임차보증금: 금 150,000,000원

전입일자: 2022. 11. 18.

확정일자: 2022. 11. 18.

배당 요구: 2024. 09. 1.

임차인 성춘향

임차보증금: 금 90,000,000원

전입일자: 2022. 07. 30.

확정일자: 받지 않음

배당 요구: 2024. 9. 09.

말소기준권리와 최선순위 담보물권은 대한은행 근저당이다. 대한은행 근저당을 기준으로 해서 최우선변제를 적용하면 15,000만 원/5,000만 원이기 때문에 ①임차인 이몽룡과 성춘향이 각각 5,000만 원씩 받고 ②대한은행 근저당이 25,000만 원을 받아 간다. ③나머지 5,000만 원은 민국은행이 받아 간다.

*임차인 성춘향은 대항력이 있으므로 못받은 보증금 4,000만 원은 낙찰자가 인수한다

> **정답**

① 이몽룡, 성춘향: 각각 5,000만 원

② 대한은행: 25,000만 원

③ 민국은행: 5,000만 원

* 성춘향의 4,000만 원은 낙찰자가 인수

예제 05)

소유자 나대로 경매기입등기: 2024. 07. 10.

매각 기일: 2025. 01. 20.

배당 요구 종기: 2024. 11. 5.

매각대금: 400,000,000원

이자: 3,000,000원

집행비용: 3,000,000원

배당할 금액: 400,000,000원

등기부등본 갑구 가압류권자 이채권 2024. 06. 10. 금 200,000,000원

등기부등본 을구 근저당권자 2022 10. 28. 대한은행 금 250,000,000원

근저당권자 2023. 04. 10. 민국은행 금 200,000,000원

임차인 이몽룡

임차보증금: 금 120,000,000원

전입일자: 2023. 11. 18.

확정일자: 2023. 11. 18.
배당 요구: 2024. 11. 1.

임차인 성춘향
임차보증금: 금 180,000,000원
전입일자: 2023. 07. 30.
확정일자: 2023. 07 .30
배당 요구: 2024. 10. 09.

말소기준권리와 최선순위담보물권은 대한은행 근저당이다. 대한은행 근저당을 기준으로 하면 15,000만 원/5,000만 원이므로 ①임차인 이몽룡이 최우선변제 5,000만 원을 배당받고 ②대한은행 근저당이 2억 5,000만 원을 배당받는다. 15,000만 원 이하의 임차인에게만 5,000만 원을 최우선변제하는 이유는 대한은행 근저당 때문이다.

그런데 대한은행 근저당이 전액 배당을 받았기 때문에 다음 담보물권을 기준으로 최우선변제가 가능해진다. 다음 담보물권인 민국은행을 기준으로 하면 16,500만 원/5,500만 원이므로 ③임차인 이몽룡은 추가로 500만 원을 더 배당받는다. 그리고 ④민국은행이 나머지 9,500만 원을 배당받는다. 낙찰자에게 인수사항은 없다.

> **정답**

① 이몽룡: 5,000만 원(대한은행 기준 최우선변제)
② 대한은행: 2억 5,000만 원

③ 이몽룡: 500만 원(민국은행 기준 추가 500만 원)

④ 민국은행: 9,500만 원

* 임차인이 못 받은 보증금은 소멸

예제 06)

소유자 나대로 경매기입등기: 2025. 01. 12.

매각 기일: 2025. 05. 20.

배당 요구 종기: 2025. 03. 10.

매각대금: 350,000,000원

이자: 3,000,000원

집행비용: 3,000,000원

배당할 금액: 350,000,000원

등기부등본 갑구 가압류권자 이채권 2024. 08. 10. 금 200,000,000원

등기부등본 을구 근저당권자 2022. 10. 28. 대한은행 금 150,000,000원

근저당권자 2023. 01. 10. 민국은행 금 100,000,000원

임차인 이몽룡

임차보증금: 금 150,000,000원

전입일자: 2022. 11. 18.

확정일자: 2022. 11. 18.

배당 요구: 2025. 03. 05.

임차인 성춘향

임차보증금: 금 120,000,000원

전입일자: 2022. 07. 30.

확정일자: 받지 않음

배당 요구: 2025. 03. 01.

말소기준권리와 최선순위담보물권은 대한은행이다. 대한은행을 기준으로 해서 최우선변제를 적용하면 15,000만 원/5,000만 원이므로 ① 임차인 이몽룡과 성춘향은 각각 5,000만 원씩 배당받는다. 그리고 ② 대한은행이 1억 5,000만 원을 배당받고 ③임차인 이몽룡이 나머지 10,000만 원을 배당받는다.

* 성춘향은 대항력이 있으므로 못 받은 보증금 7,000만 원은 낙찰자가 인수한다.

정답

① 이몽룡, 성춘향: 각 5,000만 원

② 대한은행: 1억 5,000만 원

③ 이몽룡: 10,000만 원

* 성춘향이 못 받은 70.00만 원은 낙찰자가 인수

예제 07)

소유자 나대로 경매기입등기: 2024. 07. 10.

매각 기일: 2025. 01. 20.

배당 요구 종기: 2024. 11. 5.

매각대금: 500,000,000원

이자: 3,000,000원

집행비용: 3,000,000원

배당할 금액: 500,000,000원

등기부등본 갑구 가압류권자 이채권 2024. 06. 10. 금 200,000,000원

등기부등본 을구 근저당권자 2022 10. 28. 대한은행 금 240,000,000원

근저당권자 2023. 04. 10. 민국은행 금 200,000,000원

임차인 이몽룡

임차보증금: 금 100,000,000원

전입일자: 2023. 11. 18.

확정일자: 2023. 11. 18.

배당 요구: 2024. 11. 1.

임차인 성춘향

임차보증금: 금 160,000,000원

전입일자: 2023. 07. 30.

확정일자: 2023. 07 .30

배당 요구: 2024. 10. 09.

말소기준권리와 최선순위담보물권은 대한은행 근저당이다. 대한은행을 기준으로 해서 최우선변제를 적용하면 15,000만 원/5,000만 원이므로 ①임차인 이몽룡이 5,000만 원을 최우선변제를 받고 ②대한은행이 24,000만 원을 배당받는다. 여기에서도 15,000만 원 이하에게 5,000만 원까지만 최우선변제를 하는 이유는 대한은행 때문이다.

그런데 대한은행이 배당을 다 받았기 때문에 다음 담보물권인 민국은행 기준으로 최우선변제가 또 가능해진다. 민국은행을 기준하면 16,500만 원 / 5,500만 원 ③이몽룡은 500만 원을 더 받게 임차인 성춘향도 최우선변제 5,500만 원을 받는다. ④그리고 민국은행이 나머지 15,000만 원을 받는다. 선순위 임차인은 없기 때문에 인수사항은 없다.

정답

① 이몽룡: 5,000만 원

② 대한은행: 2억 4천만 원 원

③ 이몽룡은 500만 원을 더 받게 되고 임차인 성춘향도 최우선변제 5,500만 원을 받는다.

④ 민국은행: 1억 5천만 원

* 인수사항은 없다.

예제 08)

소유자 나대로 경매기입등기: 2025. 01. 12.
매각 기일: 2025. 05. 20.
배당 요구 종기: 2025. 03. 10.
매각대금: 530,000,000원
이자: 3,000,000원
집행비용: 3,000,000원
배당할 금액: 530,000,000원

등기부등본 갑구 가압류권자 이채권 2023. 08. 10. 금 300,000,000원
등기부등본 을구 근저당권자 2022. 06. 28. 대한은행 금 150,000,000원
근저당권자 2023. 11. 10. 민국은행 금 200,000,000원

임차인 이몽룡
임차보증금: 금 180,000,000원
전입일자: 2022. 07. 18.
확정일자: 2022. 07. 18.
배당 요구: 2025. 03. 05.

임차인 성춘향
임차보증금: 금 200,000,000원
전입일자: 2023. 08. 30.
확정일자: 없음
배당 요구: 2025. 03. 01.

말소기준권리와 최선순위담보물권은 대한은행이다. 대한은행을 기준으로 해서 최우선변제를 적용하면 15,000만 원/5,000만 원이므로, 최우선변제를 받는 임차인은 없다. ① 대한은행이 15,000만 원을 받고 ② 이몽룡이 18,000만 원, 그다음 순위는 가압류권자 이채권이다. 따라서 가압류권자 이채권과 근저당권자 민국은행은 남은 20,000만 원으로 안분한다. 임차인 성춘향은 확정일자가 없기 때문에 배당에 참여할 수 없다. 따라서 안분에도 들어가지 않는다.

이채권: 3억 원/5억 원× 2억 원 = 1억 2,000만 원
민국은행: 2억 원/5억 원× 2억 원 = 8,000만 원
③이채권 1억 2,000만 원. 민국은행 8,000만 원
*인수사항은 없다.

정답

① 대한은행: 1억 5천만 원

② 이몽룡: 1억 8천만 원

③ 이채권, 민국은행 안분배당

　이채권: 1억 2천만 원

　민국은행: 8천만 원

* 인수사항은 없다.

예제 09)

소유자 나대로 경매기입등기: 2025. 01. 12.

매각 기일: 2025. 05. 20.

배당 요구 종기: 2025. 03. 10.

매각대금: 550,000,000원

이자: 3,000,000원

집행비용: 3,000,000원

배당할 금액: 550,000,000원

등기부등본 갑구 가압류권자 이채권 2023. 08. 10. 금 300,000,000원

등기부등본 을구 근저당권자 2022. 06. 28. 대한은행 금 150,000,000원

근저당권자 2022. 09. 10. 민국은행 금 200,000,000원

임차인 이몽룡

임차보증금: 금 200,000,000원

전입일자: 2022. 03. 18.

확정일자: 2023. 09. 30.

배당 요구: 2025. 03. 05.

임차인 성춘향

임차보증금: 금 400,000,000원

전입일자: 2023. 09. 15

확정일자: 2023. 09. 15

배당 요구: 2025. 03. 01.

임차인 이방자

임차보증금: 금 200,000,000원

전입일자: 2023. 04. 10.

확정일자: 2023. 04. 10.

배당 요구: 2025. 03. 05.

임차인 변학도

임차보증금: 금 150,000,000원

전입일자: 2024. 01. 18.

확정일자: 2024. 01. 18.

배당 요구: 2025. 03. 05.

말소기준권리와 최선순위담보물권은 대한은행이다. 대한은행을 기준으로 해서 최우선변제를 적용하면 1억5천만 원/ 5천만 원이므로 ①임차인 변학도가 최우선변제 5천만 원을 받는다. ②대한은행 1억5천만 원, ③민국은행 2억 원 원, ④ 임차인 이방자 2억 원 그다음은 가압류 이채권이기 때문에 가압류 이후 모든 채권은 안분배당을 한다. 따라서 가압류 이채권, 임차인 이몽룡, 성춘향, 변학도(못받은 1억) 넷에서 안분한다.

⑤

가압류 이채권: 3억 원/10억 원 × 5억 원= 1억 5천만 원

임차인 이몽룡: 2억 원/10억 원 × 5억 원= 1억 원

임차인 성춘향: 4억 원/10억 원 × 5억 원= 2억 원

임차인 변학도: 1억 원/10억 원 × 5억 원= 5천만 원

하지만 이렇게 안분된 금액으로만 끝나지 않고 흡수배당이 이루어진다.

가압류 이채권은 안분된 금액인 1억 5천만 원만 받고 임차인 성춘향의 확정일자는 이몽룡, 변학도보다 빠르기에 우선하므로 본인의 보증금 4억 원을 채울 때까지 흡수한다. 따라서 이몽룡의 안분된 금액 1억과 변학도의 5천만 원은 성춘향이 흡수하여 총 3억 5천만 원을 배당받는다.

* 임차인 이몽룡은 선순위 임차인이기에 못 받은 2억 원은 낙찰자가 인수한다.

정답

① 변학도: 5,000만 원(최우선변제)

② 대한은행: 1억 5천만 원

③ 민국은행: 2억 원

④ 이방자: 2억 원

⑤ 이채권: 안분된 금액 1억 5천만 원

　성춘향 안분 이후 흡수 총 3억 5천만 원

* 이몽룡의 2억 원은 낙찰자가 인수

| 7장 |

부동산경매 실전투자, 이것만은 꼭 확인하라

전입세대열람,
경매의 기본 서류다

지금까지 이론 설명과 배당 예제 풀이를 하면서 권리분석의 기초를 다졌다. 그런데 실제로 입찰에 참여할 때는 앞의 예제처럼 정리되어 있지 않으므로 직접 등기부등본과 매각물건명세서를 보며 배당을 해봐야 한다. 매각물건명세서와 등기부등본을 가지고 권리분석과 배당하는 연습을 많이 하다 보면 실력은 금방 늘 것이다.

요즘은 경매정보를 분석해주는 유료 경매사이트들도 상당히 많아졌다. 이런 사이트에만 의존해서 입찰하는 사람들도 꽤 많은데 자세히 보면 모든 유료정보 사이트 하단에는 "인터넷으로 제공하는 정보만으로 참여한 입찰에서 발생하는 문제에 대해 당사는 책임을 지지 않습니다."라는 문구가 있다. 이런 사이트에서 간혹 잘못된 정보나 잘못 분석된 사례들도 종종 목격할 수 있다. 물론 초보자 입장에서는 그것이 잘못된 정보인지 맞는 정보인지 판단하기 어려운 것이 사실이다.

따라서 되도록 유료 사이트는 물건을 검색하는 용도로만 이용하고 이곳에 나와 있는 권리분석에 전적으로 의존하지는 말자. 반드시 직접 등기부등본과 매각물건명세서를 꼼꼼히 분석한 다음 입찰하길 바란다.

부동산경매를 할 때 꼭 떼어봐야 할 서류가 또 있다. 바로 '전입세대열람'이다. 전입세대열람이란 해당 부동산에 전입되어 있는 사람의 전입일자를 확인할 수 있는 서류다. 원래 전입세대열람은 부동산의 이해관계인만 열람할 수 있지만, 당해 주택이 경매로 나오게 되면 누구든지 전입세대열람을 발급받을 수 있다.

전입세대열람을 발급받기 위해서는 신분증, 수수료(500원), 입증자료가 있어야 한다. 입증자료란 해당 부동산이 경매로 진행 중인지 확인할 수 있는 서류다. 이는 대법원사이트에서 출력해도 되고, 유료 경매사이트에서 출력해도 된다.

전입세대열람을 떼어보면 다음과 같은 내용을 확인할 수 있다. 여기에는 세대주의 전입일자만 나오는데 김모 씨가 임차인이라면 이 임차인의 대항력 발생일자를 확인할 수 있다. 만약 세대주보다 더 빨리 전입된 세대원이 있다면 최초 전입자란에서 더 빨리 전입된 세대원의 이름과 전입일자를 확인할 수 있다.

임차인의 대항력은 세대주의 전입일자만 인정되는 게 아니라 가족구성원의 전입일자도 포함되기 때문에 더 빨리 전입된 세대원이 있다면 그 세대원의 전입일자가 대항력 발생일로 인정받는다.

전입세대열람을 발급받을 때는 반드시 '동거인을 포함'해서 발급받아야 한다. 만약 동거인이 있는데 동거인의 전입일자가 더 빠르고, 동거인과 세대주가 가족관계라면 동거인의 전입일자가 대항력 발생일로 인정받는다. 이를 '세대합가'라고 한다. 이러한 세대합가의 위험성 때문에 전입세대열람을 발급받을 때는 반드시 동거인을 포함하고 동거인이 있을 경우에는 동거인과 세대주와의 관계를 물어보도록 하자.

과거에는 관할 주민센터에서만 전입세대열람을 발급받을 수 있었지만 현재는 관할 주민센터가 아니어도 발급이 가능하다. 이 전입세대열람을 발급받지 않고 입찰에 참여하는 사람들이 상당히 많은데 전입세대열람은 경매를 하는 데 있어 가장 기본적으로 떼어봐야 할 서류다. 만약 낙찰받고자 하는 부동산에 소유자가 살고 있다 하더라도 반드시 떼어보길 바란다.

무상거주확인서란
무엇인가?

끈질기게 무상거주확인서의 정보를 알아내라

가령 5억 원 상당의 부동산이 있다고 가정하고, 이 부동산에 보증금 2억 원의 선순위 임차인이 있다면 은행에서 3억 원 이상의 대출을 받을 수 있을까? 현실적으로는 불가능하다. 자신보다 선순위에 보증금 2억 원의 채권이 있는데 3억 원을 대출해준다면 훗날 경매로 넘어갔을 때 은행에서 채권을 전부 회수하지 못할 가능성이 높기 때문이다. 그런데 실제 경매에서 이러한 경우가 종종 있다. 그 이유는 바로 임차인이 근저당권자에게 무상거주확인서를 제출했기 때문이다.

판례에 의하면 임차인이 근저당권자에게 무상거주확인서를 제출하고 훗날 경매로 진행 시에 임대차를 주장한다면 이는 민법의 신의성실의 원칙 중 금반언원칙(자신의 선행행위와 모순되는 후행행위는 허용되지 않는 것)에 위배된다. 따라서 이러한 임차인은 경매 절차에서 임대차를 주장할 수 없으므로 대항력도 상실되고 우선변제권 역시 상실된다.

부동산가액 대비 선순위 임차인의 보증금이 상당한데도 은행의 근저당 금액이 높아서 두 채권을 합쳤을 때 부동산가액을 육박하거나 초과한다면 이 임차인은 무상거주확인서를 제출했을 가능성이 충분히 있다는 이야기다. 심증을 가지고 접근할 수도 있겠지만 경매는 절대 심증만 가지고 입찰해서는 안 된다. 물증이 확실히 있는 경우에만 입찰해야 한다.

그렇다면 이 무상거주확인서는 어디에서 확인해야 할까? 해당 부동산의 근저당설정을 한 은행지점의 여신관리팀 담당자가 이 사건에 대해 잘 알고 있다. 그러나 무상거주확인서가 있는지 문의해도 절대 가르쳐주지 않는다. 개인정보보호 때문에 그렇다. 이것도 은행마다 차이가 있다. 어떤 은행은 가르쳐주기도 하지만 같은 은행 다른 지점은 절대 알려주지 않기도 한다. 가르쳐줄 수 없는 게 원칙이긴 하지만 끈질기게 접근 한다면 좋은 정보를 얻어 낼 수 있다.

지인 중에 해당 은행에 근무하는 사람이 있다고 해도 가르쳐주지 않는데, 조회를 하면 기록이 남게 되고 훗날 인사상 불이익을 당할 수 있기 때문이다. 그러나 모든 은행의 담당자들이 절대 안 가르쳐주는 것은 아니다. 생각보다 쉽게 가르쳐주는 사람도 있고, 돌려서 이야기하는 사람도 있다.

예를 들어 "임차인과 소유자가 가족이네요."라는 식으로 말이다.

그렇다면 가족 간에는 임대차가 인정되지 않을까? 물론 가족 간에도 임대차는 인정이 된다. 부모와 자식 간에도 임대차가 인정될 수 있다. 다만 실제 임대차 관계가 있어야 하고, 세대가 분리되어 있어야 한다. 그러나 부부간에는 임대차가 인정되지 않는다. 은행에서 가족 간이라고 이야기하는 경우는 통상적으로 '가족 간이기 때문에 임대차 관계가 없어 대출을 해주었다.'라는 것을 의미하기도 한다.

자, 이러한 정보를 쉽게 얻었다면 이것이 과연 고급정보일까? 아니다. 내가 쉽게 얻었다면 남들도 쉽게 얻을 수 있는 것이기 때문에 나만 아는 정보가 아니다. 이러한 정보는 힘들고 어렵게 얻어야만 비로소 고급정보가 된다. 그렇기 때문에 상대가 가르쳐주지 않는다고 해서 쉽게 포기할 게 아니라 끈질기게 물고 늘어져서 얻어내야 한다. 직접 찾아가서 문의하는 편이 이런 정보를 얻을 가능성이 더 크다.

채무자가 기업일 때 조심하라

여기서 한 가지 주의해야 할 점이 있다. 선순위 임차인의 보증금이 높은데도 불구하고 은행 대출이 많다고 해서 전부 무상거주확인서가 있는 것은 아니다. 진짜 임대차관계가 있는 경우가 있다. 바로 채무자가 기업인 경우인데 기업에서 은행에 대출 신청을 하게 되면 기업여신으로 기업에 대한 가치만 보고 대출을 해준다. 은행에서는 채권을 회수하지 못할 경우를 대비해서 기업 대표이사의 부동산이나 가족의 부동산 등에 담보 설정을 하는 조건으로 기업에 대출을 해주는 경우가 있다.

그래서 설령 선순위 임차인이 이미 존재하고 있어 부동산의 담보가치가 떨어진다고 하더라도 은행에서는 형식적으로 근저당설정을 한다. 이 경우 임차인은 무상거주확인서를 제출한 것이 아니기 때문에 실제 임대차관계가 존재하는 것이다. 채무자가 기업인 경우에는 실제 임대차관계가 있는 경우가 95% 이상이므로 이 점을 꼭 유의하기 바란다.

낙찰자는 부동산의 부합물과 종물도 취득한다

민법 제358조를 보면 "저당권의 효력은 저당 부동산에 부합된 물건과 종물에 미친다."라고 되어 있다. 즉, 낙찰자는 근저당에 의한 경매 절차에서 부동산에 부합된 물건(부합물)은 물론 종물에 대한 소유권도 취득하게 된다.

부합물이란 무엇인가?

부동산의 부합물이란 본래의 부동산과는 소유자를 달리하는 별개의 물건이지만, 부동산에 결합해 거래관념상 부동산과 하나의 물건으로 봄으로써 부동산 소유자의 소유에 속하게 되는 물건을 말한다. 부합물의 요건을 한번 살펴보자.

첫째, 훼손하지 아니하면 분리할 수 없고

둘째, 분리에 과다한 비용이 들어가고

셋째, 분리하게 되면 경제적 가치를 심히 감손하는 경우

라고 함이 다수설이고 판례이다.

    토지에 대한 대표적인 부합물에는 정원수, 정원석, 석등, 수목 등이 있다. 수목의 경우 '입목에 관한 법률에 따라 등기된 입목'이나 '명인 방법(나무 단면을 잘라서 새겨 넣는 것)을 갖춘 수목'이 아닌 한 부합물로서 평가의 대상이 된다(98마1817 결정). 따라서 등기된 입목과 명인방 법을 갖춘 수목이 아닌 경우 매수인은 토지 위에 있는 수목들도 전부 취득하게 된다. 하지만 타인의 권원에 의해 식재한 수목의 경우에는 낙찰자가 취득하지 못한다. 토지소유자에게 허락 또는 자격을 얻어 해당 토지에 수목을 식재했다면 이 수목에 대한 소유권은 식재한 자에게 있다. 따라서 이러한 경우 낙찰자가 수목에 대한 소유권을 가져갈 수 없다. 하지만 권원 없이 식재한 수목의 소유권은 토지소유자에게 귀속되므로 이는 낙찰자가 취득하게 된다.

    수목 중 이동이 용이한 것은 예외적으로 독립되어 유체동산의 대상이 될 수 있다. 민사집행법 제189조 2항 1호에서 말하는 유체동산 집행의 대상이 되는 '등기할 수 없는 토지의 정착물'이란 토지에의 정착 성은 있으나 현금화한 후 토지에서 분리하는 것을 전제로 하여 거래 대

상으로서의 가치를 가지는 것을 말한다(95마820 결정). 유체동산의 집행대상이 되기 위해서는 이동의 용이성과 거래 가치(경제적 가치)라는 두 가지 요소가 인정되어야 한다. 따라서 정원수의 경우에는 이 점을 심리해 유체동산 집행대상이 될 수도 있다.

건물의 부합물에는 어떤 것들이 있는가?

증축 또는 개축되는 부분이 독립된 구분소유권의 객체로 거래될 수 없는 것일 때는 기존 건물에 부합한다(80다2643, 2644 판결). 만약 임차인이나 전세권자가 해당 부동산을 매입하기로 협의하고 미리 증축을 했는데 소유권이 이전되기 전에 경매로 인해 소유권이 바뀌었다면 증축한 부분에 대한 소유권은 누구에게 있는 것일까?

증축한 부분의 소유권은 증축한 자에게 있으므로 전세권자의 소유가 맞지만 물건은 독립성을 가져야 하므로 증축한 부분이 독립성을 갖지 않는다면 당연히 건물의 부합물이 되고 이는 낙찰자의 소유가 된다. 만약 해당 건물이 집합 건물이라면 증축한 부분의 독립성이 인정되지만, 집합건물이 아닌 일반건축물이라면 결국 부합물이 될 수밖에 없다.

다만 부합물이라 하더라도 낙찰자가 취득하지 못하는 예외의 경우가 있다. 바로 당사자 설정계약 시 저당권의 효력이 부합물에 미치지 아니하고 이를 약정한다는 등기를 한 때(민법 제358조 단서)에는 낙찰자가 취득하지 못한다.

종물이란 무엇인가?

종물이란 계속적으로 어떤 물건의 이용을 돕기 위해 그것에 부속된 물건을 말한다. 부동산 중 종물에 해당하는 것으로는 빌라 또는 아파트 경매 시 또는 분양 시에 있었던 싱크대, 김치냉장고, 문틀, 보일러 등이 있다. 압류 및 저당권의 효력은 매각 부동산의 종속된 권리에도 영향을 미치고(94다12722 판결), 매수인은 종속된 권리도 취득한다.

종물 중 부동산은 전원주택에 딸린 창고 등이 해당한다.

종물은 주물의 처분에 따르며(민법 제100조 ②), 주물에 대한 처분 효과는 종물에 영향을 미치므로 종물은 주물과 법률적으로 운명을 같이 한다. 그러므로 저당권의 효력은 종물에도 영향을 미친다(민법 제358조). 저당권설정 당시의 종물은 물론 설정 후의 종물에 대해서도 저당권의 효력이 미친다.

빌라나 아파트 등의 집합건물 미등기 대지권이 저당권에 종속된 권리 여부에 대해 알아보자. 신규 아파트의 경우 전유부분만 등기되고 대지권 등기가 되지 않았다고 해도 소유자가 후에라도 대지사용권을 취득함으로써 전유부분과 대지권이 동일 소유자의 소유에 속하게 되었다면 대지사용권은 전유부분에만 종속된 권리가 된다.

낙찰자가 전유부분만 낙찰받았더라도 대지사용권에 대해 그 소유권을 취득하게 되는 것이다. 즉, 집합건물의 대지권은 종물이기 때문에 미등기 상태의 아파트를 낙찰받는다 하더라도 낙찰자는 대지에 대한 권리도 함께 취득한다(단, 예외인 경우도 있는데 처음부터 대지에 대한 권리가 없는 경우에는 취득하지 못한다). 따라서 대지권이 없는 아파트를 낙찰받았더라도 아파트 분양 당시 최초의 분양자가 대지사용권까지 분양받았다면 낙찰자는 대지권의 등기 이전을 청구할 수 있다.

혼동을 혼동하지 마라

혼동(混同)이라는 단어의 한자를 보면 '섞을 혼(混)'과 '같을 동(同)' 자를 쓴다. 법률상 서로 대립하는 두 개의 지위나 자격이 동일인에게 귀속되는 것을 바로 혼동이라고 한다. 이렇게 혼동이 발생하면 두 가지 권리를 다 존속하는 것은 무의미하기 때문에 한 가지 물권은 소멸한다. 이것이 혼동의 기본적인 원칙인 것이다. 조금 더 자세히 살펴보자.

소유권 A

근저당 B

소유권 B

이 경우 근저당B가 소유권을 이전받으면서 B는 근저당권자이면서 소유권자가 되었다. 이렇게 법률상 서로 대립하는 두 개의 지위(소유권, 근저당)가 동일인(B)에게 귀속된 것을 혼동이라고 한다. 두 가지 권리를 다 존속하는 것은 무의미하기 때문에 이 중 한 가지 물권은 소멸하는 것이다. 결국 근저당B는 혼동으로 인해 소멸한다.

   소유권 A
   지상권 B
   소유권 B

이 경우에도 지상권과 소유권이 동일인인 B에게 귀속되어 혼동이 발생했다. 두 가지 권리를 다 존속하는 것은 무의미 하기 때문에 이 중 한 가지 물권인 지상권B는 소멸한다.
혼동으로 인해 소멸하지 않는 경우도 있다?

   소유권 A
   근저당 B
   근저당 C
   소유권 B

이 경우 근저당권자B가 소유권을 이전받아 혼동이 발생했는데, 여기서 근저당B를 소멸시킨다면 근저당C가 부당하게 이득을 얻는다.

그렇기 때문에 이런 때는 근저당B를 혼동으로 소멸하지 않는다. 근저당C는 자기보다 먼저 설정된 근저당B의 존재를 이미 알고 있었고, B가 소유권을 받았다는 이유로 근저당C에게 손해가 발생하지 않기 때문에 근저당B는 소멸하지 않는 것이다. 이처럼 혼동이 발생해도 소멸하지 않는 예외의 경우가 있다. 바로 앞의 상황처럼 자신이나 제 3자의 이익을 위해 존속시킬 필요가 있을 때는 존속시킨다.

소유권 A
근저당 B
근저당 C
소유권 C

하지만 이 경우에는 혼동으로 인해 근저당C가 소멸한다. 왜 그럴까?

여기서는 근저당권자C가 소유권을 이전받아 혼동이 발생했다. 그래서 근저당C를 말소시킨다 하더라도 다른 권리(근저당B)가 부당하게 이득을 보거나 근저당C의 권리가 침해당하는 상황은 발생하지 않기 때문에 이 경우 근저당C는 혼동으로 소멸한다.

앞의 예제에서는 근저당B가 혼동으로 왜 소멸하지 않는지, 위의 예제에서는 왜 근저당C가 소멸하는지를 구분해서 이해하는 것이 이 챕터의 핵심이라 하겠다.

소유권 A
근저당 B
질권 C
소유권 B

질권C는 근저당에 대한 질권(앞에서 이야기한 전당포 이야기를 떠올려 보자)이다. B는 근저당을 담보로 C에게 질권을 설정했고 이후에 소유권을 취득하면서 혼동이 발생했다. 혼동이 발생하여 근저당B를 소멸시킨다면 질권C도 같이 소멸하기 때문에 이 경우 근저당B는 혼동으로 소멸하지 않는다. 이처럼 다른 권리의 목적이 된 경우에는 소멸하지 않는다. 근저당B는 다른 권리(질권C)의 목적이 된 권리이기 때문에 혼동으로 소멸하지 않는 것이다.

이번엔 제한물권과 제한물권이 만난 경우를 살펴보자.

소유권 A   소유권 A
근저당 B   지상권 B
지상권 B   근저당 B

이와 같이 동일한 자가 근저당과 지상권을 같이 설정하는 경우는 토지경매에서 볼 수 있다. 은행에서는 토지에 근저당설정을 할 경우 반드시 지상권을 함께 설정한다. 만약 토지에만 근저당을 설정했는데 이후 지상에 건물이 들어서고 토지에 대한 채권을 갚지 못해 저당권자가 경매를 신청한다면 토지만 경매에 나오게 된다. 그렇다면 지상에는 건물이 존재하고 있으므로 토지에 대한 가치가 떨어지게 되고, 저당권자로서는 채권을 회수하는 데 있어 어려움을 겪을 수 있다. 그렇기 때문에 자신의 담보가치가 하락하는 것을 막기 위해 지상권을 함께 설정한다. 이를 '담보지상권'이라고 부른다.

동일 날짜에 근저당과 지상권을 같이 설정하고 동일 날짜에 설정되었을 경우에는 '접수번호'로 그 순위를 정하게 되는데, 이때 근저당의 접수번호를 앞으로 하고 지상권의 접수번호를 그 뒤로 하는(왼쪽 사례) 것이 일반적이다. 그리고 경매로 해당 토지가 넘어가면 지상권B는 후순위이기 때문에 소멸한다. 하지만 간혹 근저당보다 지상권의 접수번호를 앞으로 하는 경우가 있다(오른쪽 사례).

지상권B는 등기상 선순위가 되므로 낙찰자가 인수해야 하는 문제가 생기는데, 판례에 의하면 같은 날짜에 설정된 이 지상권은 담보지상권으로 보기 때문에 혼동으로 소멸한다. 다만 낙찰 후에 직권말소를 통해 바로 말소를 시킬 수는 없고 지상권자가 말소동의서를 제출하지 않는 이상 소송을 통해 말소시켜야 하는데 이는 매우 번거로운 일이다.

요즘 경매계에서는 근저당보다 지상권이 선순위에 있을 경우 저당권자에게 말소하는 조건으로 할 것인지 확인한다. 만약 말소하겠다는 동의서가 제출되었다면 매각물건명세서에 표기되어 있고 이 경우 낙찰 이후 바로 말소가 가능하다.

요즘은 지상권을 선순위로 넣는 경우는 쉽게 나오지 않고, 선순위로 넣었다 하더라도 대부분이 말소동의서를 제출하는 편이다.

지상권과 근저당이 같은 날짜가 아닌 시일 차이가 나는 경우도 있는데 설령 이렇게 설정 날짜에 차이가 난다 하더라도 혼동으로 소멸한다는 것이 학설의 의견이다.

선순위 가처분은 무조건 인수된다?

선순위 가처분이라도 소멸하는 경우가 있다. 자기 목적을 달성한 가처분은 소멸하는 것이다. 만약 소유권을 가지고 있는 A가 B에게 부동산을 매도하기로 하고 매매대금을 미리 다 받아놓고 소유권을 이전해

주지 않자 B가 A를 상대로 소유권이전등기 청구소송을 준비한다.

부동산 권리관계가 바뀔 수 있으므로 B는 소송에 앞서 이 현상을 동결하기 위해 처분금지가처분신청을 했다. A는 소송에서 본인이 질 것을 알고 있기에 B에게 순순히 소유권이전등기를 이행해 주었다.

소유권 A
가처분 B
소유권이전 B

B의 처분금지가처분신청 목적은 소유권을 이전받는 데 있어 이 현상을 동결하는 것이었으므로 소유권을 이전받았다면 더 이상 본안 소송을 진행할 필요가 없다. 그렇다면 당연히 가처분의 명분은 잃게 되고 이는 혼동으로 인한 소멸 사유가 된다. 이러한 가처분들이 등기에는 소멸하지 않고 경매 절차에 나와 선순위 가처분으로 표기되는 경우가 종종 있는데 이 역시 혼동으로 인한 소멸 사유가 되므로 낙찰 후에 말소시킬 수 있다.

이전 경매부터 점유하고 있는 임차인이 있다면?

경매물건을 분석하다 보면 현재 소유자도 이 부동산을 경매로 취득했고, 당시 존재했던 임차인들이 현 경매 시점까지 점유하고 있는 경우가 있다. 이때 임차인들의 대항력 발생은 언제부터인지 알아보자.

예제 01)

설정 일자(전입일자)	권리 내용		확정일자	배당 여부	비고
2022.05.11.	A	소유권			
2022.06.28.	B	근저당			
2023.02.08	C	임차인	2024.02.08.		
2024.04.14.	D	소유권 이전			임의경매 낙찰
2024.04.14.	E	근저당			
2025.03.28.	F	압류			
2025.05.26.	E	임의경매			

사례1에서 D는 24.04.14 경매로 이 부동산을 낙찰받았다. 이 부동산에 살고 있던 임차인C는 D와 다시 임대차를 체결해 거주하고 있는데 해당 부동산이 다시 경매로 넘어가게 되었다. 임차인C는 해당 부동산에 계속 거주하고 있었기 때문에 전입세대열람을 발급받아보니 전입일자가 2023년 2월 14일로 되어 있다.

이 사건의 말소기준권리는 2024년 4월 14일 근저당E인데, 과연 임차인C는 선순위 임차인의 지위를 가져갈 수 있는 것일까? 임대차보호법 제3조 5의 내용을 보면 "임차권은 경락에 의해 소멸한다."고 되어 있다.

다만 보증금이 전부 변제되지 아니한 대항력이 있는 임차권은 그렇지 않다고 규정되어 있다. 즉, 임차인C는 첫 번째 경매 절차에서 이미 소멸한 권리다. 따라서 새롭게 D와 계약을 체결한다 해도 아무리 빨라야 D가 소유권을 이전받은 2024년 4월 14일이 되고, 대항력 발생일은 익일 0시이므로 2024년 4월 15일 0시가 된다.

하지만 시중에 돌아다니는 이론 중 이 사안에 대해 잘못 해석하는 글들이 있다.

사례1

"임차인은 낙찰인이 낙찰대금을 납부하기 이전부터 이 사건 주택을 점유하고 거주함으로써 임차권의 존재가 제삼자에게 공시되었다고 할 수 있다.

그러므로 경매 절차에서 낙찰인이 주민등록은 되어 있으나 대항력은 없는 종전 임차인과의 사이에 새로이 임대차 계약을 체결하고 낙찰대금을 납부한 경우 종전 임차인은 당해 부동산에 관하여 낙찰인이 낙찰 대금을 납부하여 소유권을 취득하는 즉시 임차권의 대항력을 취득하는 것이다. 근저당설정등기(말소기준권리)는 위의 대항력 취득 이후에 종료되었으므로 임차권으로서 낙찰인 및 그 승계인에게 대항할 수 있다(대법원 2002. 11. 8. 선고 2002다38361)."고 기재되어 있다. 만약 임차인과 낙찰자가 잔금 납부 전에 계약을 체결했다면 임차인의 대항력이 인정된다는 뜻이다.

이 판례는 낙찰자가 현금으로 잔금을 납부 한 이후 소유권이전등기 절차를 밟지 않은 채 임차인과 계약을 맺고 난 후 근저당을 설정하면서 소유권이전등기 절차를 받은 케이스이다.

민법 187조 법률규정에 의해 경매로 인한 낙찰인 경우 등기하지 않아도 권리가 인정된다. 따라서 현금으로 잔금을 납부하고 소유권이전등기를 하지 않았다 하더라도 소유권 자체가 인정되고 계약한 임차인도 정당하게 대항력을 취득한 사례이다.

이런 사례는 정말 나오기가 아주아주 힘든 사례로 의도적으로 만든 상황이라고밖에 판단이 되지 않는다.

사례 2)

설정 일자(전입일자)	권리 내용		확정일자	배당 여부	비고
2023.05.11.	A	소유권			
2023.06.24.	B	임차인	2023.06.24.	○	전액배당
2023.07.14.	C	근저당			
2025.04.11.	D	소유권 이전			임의경매 낙찰
2025.04.11.	E	근저당			
2025.03.28.	F	압류			
2025.04.12.	E	임의경매			

임차인B는 이전 경매 절차에서 선순위 임차인이었다. 그리고 부동산을 낙찰받은 D와 새롭게 계약을 체결하고 해당 부동산에 거주하던 중 해당 부동산이 다시 경매로 넘어가게 되었다. 해당 부동산의 전입세대열람을 발급해보면 임차인B의 전입일자는 2023년 6월 24일로 나올 것이며, 말소기준권리는 2025년 4월 11일 근저당E다. 그렇다면 임차인B는 과연 대항력이 있을까? 앞의 사례와 똑같이 적용된다.

사례 3)

설정 일자(전입일자)	권리 내용		확정일자	배당 여부	비고
2023.03.15.	A	소유권			
2023.04.22.	B	임차인	2023.04.22	X	보증금 1억 원
2023.07.14.	C	근저당			
2024.04.11.	D	소유권 이전			임의경매 낙찰
2024.04.11.	E	근저당			
2025.03.28.	F	압류			
2025.04.25.	E	임의경매			

사례3은 사례2와 똑같은 사례지만, 이 경우 임차인B가 첫 번째 경매 절차에서 배당 요구를 하지 않았다. 임차인B는 첫 번째 경매 절차에서 대항력이 있었고 자신이 못 받은 보증금은 낙찰자D에게 주장할 수 있다. 그러나 B는 해당 부동산에 계속 살기로 합의하고, 차후에 계약이 종료되면 보증금을 돌려받기로 했다. 그런데 시간이 지나 해당 부동산이 경매로 다시 나오게 되었다.

임차인B는 첫 번째 경매 절차에서 대항력이 있었고 보증금을 전액 배당받지 못했기 때문에 여전히 대항력을 주장할 수 있다. 따라서 두 번째 경매 절차에서도 임차인B의 대항력은 2023년 4월 22일로 인정되고, 선순위 임차인의 지위를 그대로 가져가게 된다. 만약 두 번째 경매 절차에서도 임차인B가 배당 요구를 하지 않았다면 낙찰자는 임차인B의 보증금 1억 원을 전액 인수해야 한다. 반대로 임차인이 두 번째 경매 절차에서 배당 요구를 했다면 임차인B는 배당에 참여해 보증금을 배당받을 수 있다.

사례 4)

설정 일자(전입일자)	권리 내용		확정일자	배당 여부	비고
2023.05.11.	A	소유권			
2023.06.24.	B	임차인	2023.10.24.	○	보증금2억중 1억만 배당
2023.07.14.	C	근저당			
2024.04.11.	D	소유권 이전			임의경매 낙찰
2024.04.11.	E	근저당			
2025.03.28.	F	압류			
2025.04.12.	E	임의경매			

사례4에서는 첫 번째 경매 절차에서 임차인B의 확정일자가 근저당 C보다 늦어 배당을 전액 받지 못하고 2억 중 1억만 받게 되었다. 낙찰자D는 임차인의 보증금 1억 원을 인수해야 하지만 B와 합의해 이 부동산에 계속 거주하게 되었다. 그런데 그 이후 또다시 경매가 진행되었고 임차인B는 두 번째 경매 절차에서도 배당 요구를 했다.

이 경우 임차인B는 첫 번째 경매 절차에서 대항력이 있었고 보증금을 전액 받지 못했기 때문에 소멸하지 않고, 두 번째 경매 절차에서 2023년 6월 24일로 대항력을 인정받는다. 입찰자 입장에서는 선순위 임차인이지만 배당 요구를 했고 확정일자도 2023년 10월 24일이기 때문에 근저당E보다 빨라 전액 배당을 받게 되어 인수될 것이 없다고 생각할 수 있지만 임차인B는 두 번째 경매 절차 배당에서 제외된다. 그 이유는 확정일자에 따른 우선변제권은 한 번만 사용할 수 있기 때문이다.

2023년 10월 24일에 받은 확정일자는 첫 번째 경매 절차에서 사용했기 때문에 두 번째 경매 절차에서는 또 사용할 수 없다. 따라서 임차인이 못 받은 보증금 1억 원은 낙찰자가 인수하게 된다. 임차인B가 첫 번째 경매 절차에서 못 받은 보증금 1억 원을 두 번째 경매 절차에서 배당받기 위해서는 반드시 확정일자를 다시 받아야 한다. 확정일자를 다시 받았다 하더라도 근저당E보다 빨라야 먼저 배당을 받을 수 있다. 이 점을 꼭 유념하기를 바란다. 실제 경매에서 자주 볼 수 있는 사례들이다.

토지와 건물의 소유자가 다른 법정지상권

3장에서 다루었던 내용 중에 지상권이라는 권리가 있었다. 민법 제279조에서 지상권은 "타인의 토지를 사용하고 수익할 수 있는 권리"라고 정의하고 있다. 즉, A가 가지고 있는 토지 위에 다른 이가 건물을 짓거나 수목을 소유할 수 있고, 이러한 권리가 있다는 것을 등기부등본상에 공시하는 것이다. A와 협의해 다른 사람이 이러한 권리를 가질 수 있다.

등기부등본에 지상권을 설정하게 되면 견고한 건물이나 수목은 30년, 기타 건물은 15년, 공작물은 5년간 그 땅을 활용할 수 있게 된다. 설령 토지의 소유자가 바뀐다 하더라도 지상권을 설정한 자는 해당 토지에 대한 권리를 계속 가질 수 있다. 그런데 만약 이러한 지상권을 설정하지 않았다는 이유로 토지와 건물의 소유자가 다를 때 건물을 철거해야만 한다면 이는 사회적, 경제적으로 매우 큰 손해라고 할 수 있다.

법정지상권은 건물소유자가 미리 지상권을 설정할 수 없는 경우 잠재적인 토지이용권을 법률상 현실화해줌으로써 건물을 독립적인 부동산으로 보는 우리 법제의 특수성에서 생기는 결함을 시정하려는 제도다. 이러한 법정지상권의 종류에는 네 가지가 있다.

그래서 지상권을 약정해 설정하지 않았다 하더라도 민법 제366조에서 법정으로 지상권을 인정해주는데 이를 '법정지상권'이라고 한다.

법정지상권의 4가지 종류

1. 전세권 관련(민법 제305조): 토지와 그 지상의 건물이 동일인에게 속하는 경우, 건물에 대해서만 전세권을 설정한 후 토지소유자가 변경된 경우
2. 저당권 관련(민법 제366조): 토지와 그 지상의 건물이 동일인에게 속하는 경우, 그 토지와 건물 중 어느 한쪽에만 저당권이 설정된 후 저당권의 실행으로 토지와 건물의 소유자가 달라진 경우
3. 담보권 관련(가담법 제10조): 토지와 그 지상의 건물이 동일인에게 속하는 경우, 그 토지 또는 건물 중 어느 한쪽에만 가등기담보권, 양도담보권, 매도담보권
이 설정된 후 담보권의 실행(귀속 청산)으로 토지와 건물의 소유자가 달라진 경우

4. 입목 관련(입목법 제6조): 토지와 입목이 동일인에게 속하는 경우, 경매의 기타 사유로 토지와 입목이 각각 다른 소유자에게 속하게 된 경우

이처럼 네 가지의 법정지상권이 있는데, 공통점을 찾아보면 바로 건물과 토지의 소유권이 같았다는 것이다. 법정지상권을 인정해주는 이유는 이렇듯 원래는 건물과 토지의 소유가 같았는데 어떠한 사유로 소유권이 분리되었을 때 원래 건물이 가지고 있던 그 권리인 토지이용권을 현실화해주기 위해서다. 법정지상권이 성립되기 위해서는 다음과 같은 네 가지 요건을 충족해야 한다.

1. 토지와 건물 중 어느 한 곳에는 저당권이 설정되어 있어야 한다.
2. 저당권설정 당시 건물이 존재해야 한다.
3. 저당권설정 당시 건물과 토지의 소유자가 같아야 한다.
4. 경매, 공매, 매매, 증여 등으로 인해 그 소유자가 달라져야 한다.

이 그림과 같이 토지에 저당권이 설정되어 있고, 저당권설정 당시 건물이 존재하였고, 건물과 토지의 소유권이 같았으며, 경매로 인해 토지 소유권이 을로 변경된다면 갑 소유의 건물은 법정지상권이 성립된다. 법정지상권이 성립되기 위한 이 네 가지 요건을 꼭 충족해야 한다.

전세권 관련 법정지상권은 근저당 대신 전세권으로 명칭을 바꾸면 되고, 담보권 관련 법정지상권 역시 근저당 대신 담보권 관련 법정지상권으로 바꾸어서 성립 여부를 판단하면 된다.

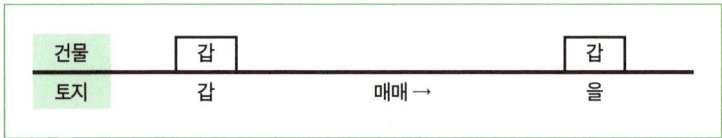

입목의 경우에는 저당권설정 당시 입목이 있어야 하며, 토지와 입목의 소유자가 동일해야 한다. 다만 '입목에 관한 법률에 따라 등기된 입목'과 '명인방법을 갖춘 입목'의 경우에만 법정지상권 성립될 수 있으며, 이 두 가지 중 한 가지도 하지 않은 입목의 경우에는 토지의 부합물이 되므로 토지의 낙찰자가 소유권을 취득하게 된다.

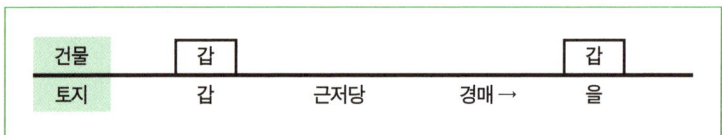

관습법상 법정지상권이란?

모든 부동산에 전세권, 근저당, 담보권 등이 설정되어 있지는 않다.

이러한 권리들이 설정되어 있지 않다 하더라도 법정지상권을 인정해주는 경우가 있는데, 이를 관습법상 '법정지상권'이라고 한다. 관습법상 법정지상권은 대법원 판례 등을 통해 성립된 권리를 말한다. 관습법상 법정지상권의 성립요건은 다음과 같다.

1. 토지와 건물이 동일인의 소유로 되어 있어야 한다(처음부터 동일할 필요는 없고 처분 당시 동일하면 된다).
2. 토지와 건물 중 어느 하나가 경매, 공매, 매매, 증여 등으로 소유자가 달라져야 하고 소유권이전등기가 되어 있어야 한다.
3. 건물 철거 약정이 없어야 한다.

앞의 그림은 건물과 토지가 동일인의 소유였고 매매를 통해 토지의 소유권이 을로 바뀐 경우인데, 만약 이때 건물 철거 약정을 하지 않았다면 법정지상권이 성립한다.

토지와 건물의 소유권이 동일인의 소유여야 하지만 처음부터 동일인일 필요는 없다. 처분 당시에만 동일하면 되기 때문에 앞의 경우에도 관습법상 법정지상권은 성립된다. 처음에는 건물과 토지의 소유권이 달랐지만 을이 건물을 갑에게 매매해 건물과 토지의 소유권이 같은 상태에서 갑의 토지가 병에게 이전된다면 이 경우에도 법정지상권은 성립되는 것이다.

갑 토지가 병으로 이전될 당시 건물과 토지의 소유권이 같았기 때문에 인정되는 것이다.

다음 예제를 풀어보면서 법정지상권이 어떤 경우에 성립하는지 살펴보자.

그림을 보고 법정지상권이 성립하는지 먼저 풀어보고 해설을 보기 바란다.

예제 1

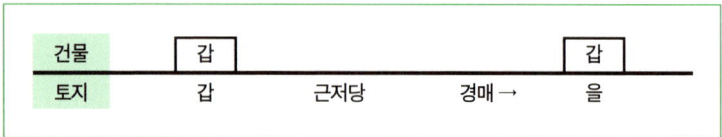

예제1 에서는 법정지상권이 성립한다. 근저당설정 당시 건물이 존재했고, 건물과 토지의 소유권이 일치했기 때문에 토지에 대한 소유권이 을로 바뀌게 되어도 갑의 건물은 법정지상권이 성립한다.

예제 2

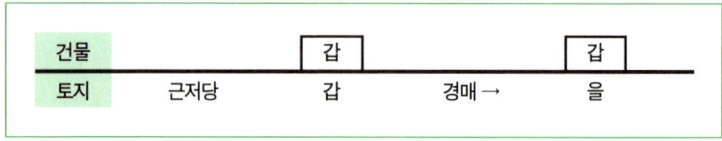

예제2 에서는 법정지상권이 성립하지 않는다. 근저당설정 당시 건물이 존재하지 않았기 때문이다.

예제 3

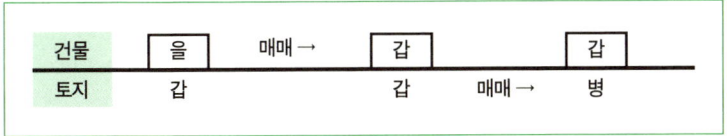

예제 03에서는 법정지상권이 성립하지 않는다. 근저당설정 당시 건물이 존재하긴 했지만 건물과 토지의 소유권이 다르기 때문이다.

예제 4

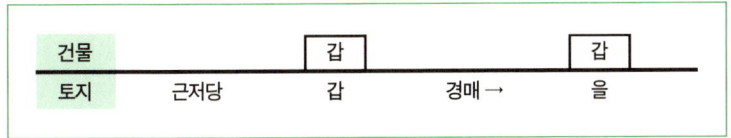

예제 04에서 법정지상권은 성립하지 않는다. 관습법상 법정지상권이 성립한다고 착각할 수도 있다. 하지만 이 경우에는 관습법상 법정지상권을 논할 수 있는 상황이 아니다. 그 이유는 토지에 근저당이 설정되어 있기 때문이다. 토지에 근저당설정이 될 당시 건물과 토지의 소유권이 달랐기 때문에 법정지상권은 성립하지 않는다. 만약 토지에 근저당이 설정되어 있지 않다면 관습법상 법정지상권은 성립한다. 그리고 법정지상권의 존속기간은 석회조 건물과 수목은 30년, 기타 건물은 15년이다.

법정지상권이 성립돼도 토지소유자는 지료를 청구할 수 있고, 협의가 되지 않으면 지료청구소송을 통해 지료를 책정하게 되고, 지료를 2년 이상 연체하면 토지소유자는 법정지상권 소멸을 청구할 수 있다.

예제 5

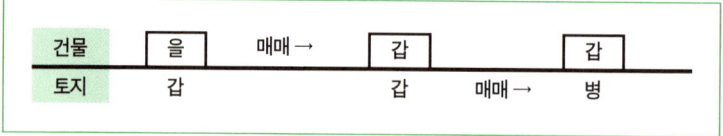

태종이는 서초구 서초동에 대지 200평을 소유하고 있다. 사업을 준비하던 근태는 우연히 태종이 소유의 서초동 대지 200평을 보게 되고 여기서 레스토랑을 운영하고 싶어 한다. 그래서 근태는 태종이와 협의해 지상권을 설정하려 했으나 태종이가 이를 거부하는 바람에 지료만 내고 그 대지를 사용하기로 합의했다.

이후 사업이 번창해 근태는 큰돈을 벌게 된다. 그러나 태종이는 토지 저당권자에게 경매 신청을 당하게 되어 토지가 경매에 나오게 되고 토지의 소유권이 바뀌었다. 이 경우 근태는 법정지상권을 주장할 수 있을까?

답) 법정지상권은 성립하지 않는다. 법정지상권이 성립하려면 건물과 토지의 소유권이 같아야 하는데, 이 경우 건물과 토지의 소유권이 같았던 적이 없기 때문에 법정지상권은 주장할 수 없다. (단, 차지권은 성립된다. 차지권에 대한 설명은 뒤에서 다루도록 한다)

예제 6

유미는 개포동에 건물(토지 포함)을 소유하고 있다. 토지에만 근저당을 설정해 대출을 받았고, 다른 사업도 병행하면서 매월 월세를 받으며 잘 지내고 있었다. 그런데 몇 년 후 사업이 잘되지 않아 목돈이 필요했고, 고민 끝에 건물만 은이에게 팔았다. 시간이 지나 토지 근저당권자의 대출금을 갚지 못하게 되자 근저당권자는 토지에 대한 경매를 신청했고 이 토지를 선영이가 낙찰받았다. 토지를 낙찰 받은 선영이는 은이에게 건물을 철거하라는 소송을 냈다. 이 경우 은이의 건물은 법정지상권이 성립될까?

답) 결론부터 이야기하자면 법정지상권은 성립한다. 토지에 근저당 설정을 할 당시 건물이 존재했고, 건물과 토지의 소유권이 같았기 때문이다. 따라서 건물을 매수한 은이는 법정지상권을 취득하며 이후 토지에 대한 소유권이 바뀌어도 아무런 영향을 미치지 않는다.

예제 7

| 건물 | 유미 | | 매매→ | 은이 | | 은이 |
| 토지 | 유미 | 근저당 | | 유미 | 경매→ | 선영 |

옥정이는 본인 소유의 토지에 건물을 지어 세를 놓았다. 건물은 미등기 상태로 놔두게 되었고, 토지에만 근저당을 설정해 대출을 받았다. 이후 토지 저당권자가 경매를 신청해 토지의 소유권이 바뀐다면 옥정이가 소유한 지상의 미등기 건물은 법정지상권이 성립할까?

예제7에서 법정지상권은 성립한다. 법정지상권은 미등기 건물, 무허가 건물도 인정이 되기 때문이다.

예제 8

성배는 대진이가 소유하고 있는 지상의 미등기 건물과 토지를 매수했다. 소유권 이전등기를 받은 후 성배는 토지에 근저당을 설정했다. 그 이후 저당권의 실행으로 경매가 진행되어 토지의 소유권이 태종이로 바뀌었다면 성배는 법정지상권을 주장할 수 있을까?

예제8에서 법정지상권은 성립하지 않는다. 미등기 건물에 대한 소유권은 건축주한테 있다고 본다. 따라서 건물의 대한 소유권을 성배가 아닌 대진이가 가지고 있다고 본다. 결국 근저당설정 당시 건물과 토지의 소유권이 다르기 때문에 법정지상권이 성립하지 않는다.

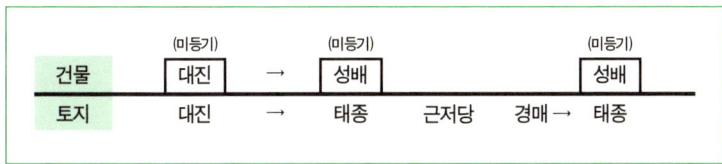

법정지상권이 성립하지 않는다는 판결을 받은 것은 토지에 대한 소유권만 이전되고 건물에 대한 소유권은 대진이가 가지고 있다는 것과 같다. 이때 대진이는 관습법상 법정지상권이 성립한다고 항소하는데 법원은 이 역시 성립되지 않는다고 판결을 내렸다. 그 이유는 실질적인 건물에 대한 처분 권한을 대진이가 아닌 성배가 가지고 있기 때문이다. 그러므로 법정지상권은 성립하지 않는다.

예제 9

정수는 자신의 토지와 지상의 건물을 공동담보로 근저당을 설정해 대출을 받았다. 그 후 건물을 헐고 그 위에 새로운 건물을 지어 세를 놓았으나 새로 지은 건물은 등기를 하지 않았다. 이 상태에서 은행에서는 저당권에 의한 경매를 신청했다.

미등기 건물의 경우 경매가 진행될 수 없기에 대지만 경매로 나왔다. 이 건축물관리대장의 건축주는 정수로 되어 있고, 새로 지은 건물에 임차해 살고있는 임차인들에게 확인을 해봐도 건물과 토지의 소유자가 정수로 일치했다. 이 경우 법정지상권이 성립할까?

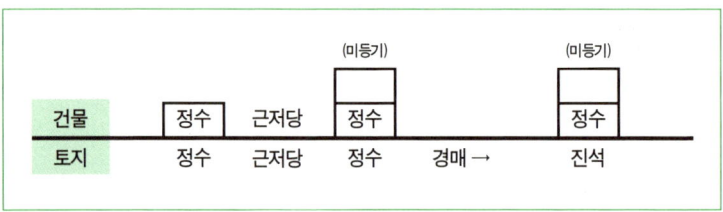

예제9에서 법정지상권은 성립하지 않는다. 공평의 견지에서 인정되지 않는다. 근저당권자는 토지뿐만이 아니라 건물에 대해서도 처분권한이 있었는데, 건물이 멸실함으로써 건물에 대한 처분권한을 갖지 못했다.

이 상태에서 토지만에 대한 경매를 진행하게 된 것인데, 만약 건물에 대한 법정지상권을 인정해준다면 토지 저당권자는 채권을 더더욱 회수할 수가 없게 된다. 그렇기 때문에 법정지상권은 인정되지 않는다. 하지만 다음과 같이 건물과 토지에 대한 공동 저당이 아닌 토지에만 저당권이 설정된 경우에는 법정지상권이 인정된다.

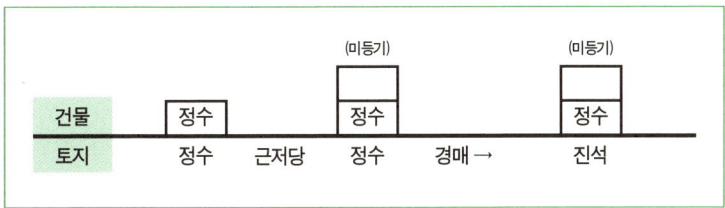

저당권설정 당시 이미 건물이 존재했고 건물과 토지에 대한 소유권이 같았기 때문에 저당권자로서는 후에 경매를 신청하더라도 건물은 법정지상권이 성립될 것이라는 것을 이미 알고 있었을 것이다. 그렇기 때문에 설령 기존의 건물이 없어지고 새로운 건물이 지어졌다고 할지라도 토지에 대한 담보가치가 더 하락하는 상황은 발생하지 않는다.

예제 10

토지와 건물의 소유자가 거주하다가 소유자가 사망하여 토지와 건물이 아들에게 상속되었다. 토지는 등기가 되었지만 건물은 무허가 건물로 등기가 안 된 상태에서 상속되었고, 토지에만 근저당설정 후 채무를 변제하지 않아 토지 저당권자가 임의경매를 신청하였다. 이때 법정지상권은 성립할까?

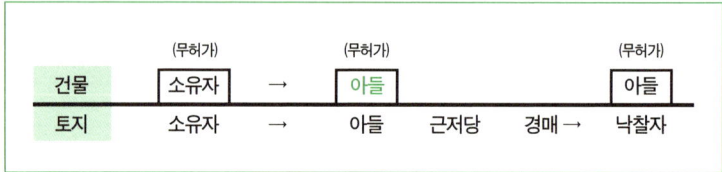

여기서 법정지상권은 성립한다. 예제 08과 동일하다고 볼 수 있지만 민법 제187조 법률규정에 의한 부동산 물권의 취득은 "상속, 공용징수, 경매, 판결, 기타 법률 규정에 의한 부동산에 관한 물권의 취득은 등기를 요하지 아니한다."라고 되어 있다. 즉, 무허가 건물의 소유권이 사망한 사람에게 있는 것이 아니라 상속인인 아들에게 있다고 인정되는 것이다. 따라서 저당권설정 당시 건물과 토지의 소유권이 일치한다고 볼 수 있다.

예제 11

태종이는 토지를 담보로 대한은행에서 대출을 받았다. 이후 토지 위에 건물을 짓고 추가로 민국은행에서 토지를 담보로 또 대출을 받았다. 만약 민국은행이 경매를 실행해 토지에 대한 소유권이 근태로 바뀐다면 태종이의 건물은 법정지상권이 성립할까?

건물			태종				태종
토지	근저당 (대한은행)		태종	근저당 (한국은행)		경매 → (한국은행)	근태

예제11에서는 법정지상권이 성립하지 않는다. 민국은행이 근저당을 설정할 당시에는 건물이 존재했고, 건물과 토지의 소유권이 일치한다 하더라도 만약 건물의 법정지상권을 인정해준다면 대한은행에서 채권을 확보하기 어렵기 때문에 성립하지 않는다.

예제 12

토지의 소유자는 갑, 을, 병, 정, 무 다섯 사람이다. 이 중 갑이 토지 위에 건물을 지은 후 갑의 토지 지분이 경매 신청되어 갑이 가지고 있는 토지지분이 기로 바뀌었다. 이 경우 갑은 건물에 대한 법정지상권을 주장할 수 있을까?

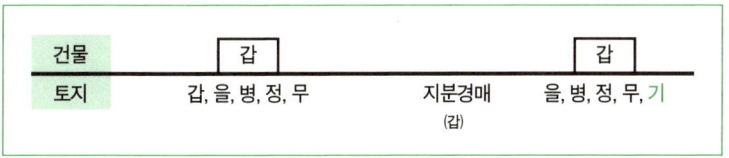

예제 12에서 법정지상권은 성립하지 않는다. 만약 법정지상권이 성립된다면 토지 공유자 1인으로 하여금 자신의 지분을 제외한 다른 사람의 지분에 대해서까지 법정지상권설정의 처분 행위를 허용하는 셈이 되기 때문이다. 설령 과반수의 동의를 얻었다 하더라도 인정하지 않는다.

TIP) 토지 일부만 이전되면 법정지상권은 성립되지 않는다.

예제 13

토지의 소유자는 갑, 을, 병, 정, 무 다섯 사람이다. 공유자 다섯 명이 구분소유적 관계로 건물을 소유하고 난 후 갑의 토지지분이 경매로 넘어가 기로 바뀐다면 갑이 가지고 있는 건물은 법정지상권이 성립할까?

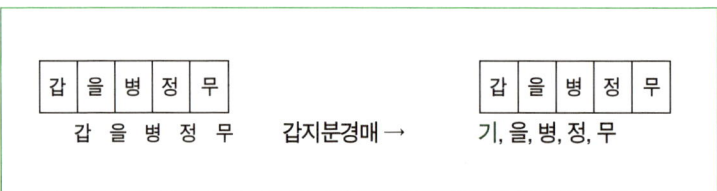

토지를 공유지분으로 가지고 있고, 건물을 각각 소유하고 있는 형태를 구분소유적공유간계라 한다. 여기서 법정지상권은 성립한다. 앞 예제에서 토지 일부만 이전되면 법정지상권은 성립되지 않는다 하였지만 구분소유적공유관계에서는 성립된다. 그 외의 일부 지분만 이전되는 경우는 성립되지 않는다.

예제 14

토지에 관한 저당권설정 당시 토지 소유자에 의해 해당 토지에 건물이 건축 중이었다면 그 건물이 미등기라 하더라도 법정지상권이 성립할까?

법정지상권이 성립하려면 저당권설정 당시 건물이 존재하고 건물과 토지 소유자가 일치해야 하지만 이렇게 건축 중이었던 경우 토지에 대한 경매 절차에서 매수인이 매각대금을 다 낼 때까지 최소한의 기둥과 지붕, 그리고 주벽이 이루어지는 등 독립된 부동산으로서 건물의 요건을 갖추면 법정지상권이 성립한다. 그 건물이 미등기라 하더라도 법정지상권의 성립에는 아무런 지장이 없다. 그러므로 이 경우에는 법정지상권이 성립할 수도 있고 성립하지 않을 수도 있다.

즉 토지의 낙찰자가 소유권 이전을 받기까지 건물의 형태를 갖추고 있으면 성립된다고 보여지나 이는 객관적이지 못하고 주관적일 수 있으므로 건물의 실제 상태에 따라 다르다고 할 수 있다.

예제 15

근태가 가지고 있는 토지 위에 근태와 태종이가 건물을 공유하고 있고, 근태가 대한은행에서 토지에 저당권을 설정함에 따라 토지의 소유권이 정수로 바뀌었다.

이때 태종이는 법정지상권을 주장할 수 있을까?

예제15에서 법정지상권은 성립한다. 법정지상권은 토지만의 공유는 인정되지 않지만, 건물에 대한 공유는 인정되기 때문이다.

지금까지 설명한 15개의 예제만 잘 이해해도 실제 경매로 나온 물건들에 대한 분석을 어렵지 않게 할 수 있다. 다만 실제 사건들은 이렇게 지문이 주어지는 게 아닌 직접 건축물대장과 등기부등본 등을 떼어서 분석해보아야 한다. 상황에 따라서는 건축물멸실대장과 폐쇄등기부도 떼어보아야 한다. 이처럼 법정지상권을 분석할 때는 보다 꼼꼼하게 접근해야 한다.

법정지상권을 파악할 땐 차지권도 파악하라

민법622조 차지권

1. 건물의 소유를 목적으로 한 토지임대차는 이를 등기하지 아니한 경우에도 임차인이 그 지상 건물을 등기한 때에는 제삼자에 대하여 임대차의 효력이 생긴다.
2. 건물이 임대차 기간 만료 전에 멸실 또는 후폐한 때에는 전항의 효력을 잃는다

즉, 차지권이란 건물의 소유를 목적으로 하는 지상권 또는 토지 임차권을 말하는 것으로 임차인이 토지 임대차 후 타인 소유 토지에 건물을 지어 보존등기를 하는 것으로 등기한 날부터 대항력이 생기는 권리를 말합니다.

대항력이 생기게 되므로 토지 소유자가 변경된다 하더라도 새로운 토지 소유자에게 대항할 수 있는 권리이지만 임차인이 지상 건물을 등기하기 전에 그 토지에 관하여 근저당권이나 저당권이 설정될 경우에는 임차인이 그 지상 건물에 등기를 하더라도 제삼자에 대하여 임대차의 효력은 생기지 않습니다.

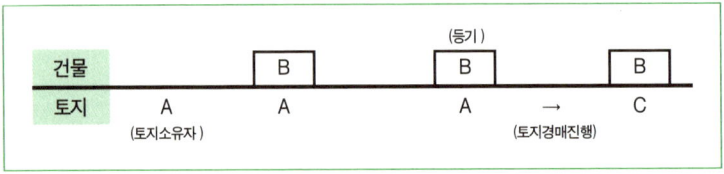

B는 A와 토지임대차 계약 이후 B는 건물을 신축하여 건물등기를 완료하고 A 소유의 토지가 경매로 진행되어 C에게 낙찰이 되었을 경우

B 소유건물은 법정지상권은 성립되지 않지만 B는 건물에 대한 차지권이 발생하며 C에게 대항할 수 있는 권리를 말합니다.

이 경우 계약갱신청구권이 인정되기에 갱신청구권을 사용한다면 C는 거절하지 못하고, 임차인의 지상물을 현존하는 가치로 매수하여야 하는데 이는 강행규정입니다.

다만 차지권은 승계가 되지 않기 때문에 B는 건물에 대한 소유권을 이전하거나 경매로 진행되어 낙찰이 된다 하더라도 승계인은 차지권에 대한 권리를 주장할 수 없습니다.

차지권이 성립하지 않는 예

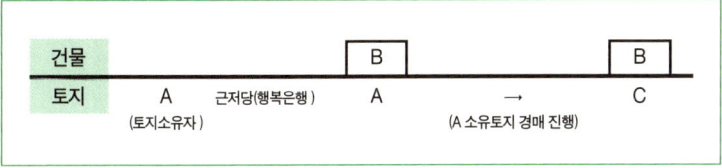

위 경우처럼 B가 임대차를 체결하더리도 건물 보존등기가 되기 전 토지에 이미 근저당이 설정된다면 차지권은 성립되지 않습니다.

차지권은 위험한 권리라고들 이야기들 하지만 사실 실무에서는 쉽게 발생하기는 어려운 권리이긴 합니다.

법정지상권이 성립되지 않더라도 차지권이 성립되는 여부는 꼭 확인하시기 바랍니다.

임야에 발생하는 분묘기지권

분묘기지권이란 지상권과 유사한 관습상의 물권을 말다. 지상권이란 타인의 토지 위에 건물이나 수목을 소유할 수 있는 권리이고, 분묘기지권은 분묘에 대한 기지권을 가질 수 있는 권리다. 앞서 설명했듯 견고한 건물과 수목은 존속기간이 30년, 기타 건물은 15년, 공작물은 5년인데 분묘를 공작물로 규정해서 그 존속기간을 5년으로 정할 수 없기에 이에 대한 부분을 따로 관습법상에서 물권화시킨 것이 바로 분묘기지권이다. 분묘기지권이 성립되는 조건은 세 가지가 있다.

1. 본인 소유의 토지에 분묘를 설치한 자가 후에 그 분묘기지에 대한 소유권을 유보하거나 분묘를 따로 이장한다는 특약 없이 토지를 매매 등으로 처분한 때에는 분묘소유자가 그 분묘를 소유하기 위

한 분묘기지권을 취득한다.
2. 토지 소유권자의 승낙을 얻어 합법적으로 그 토지에 분묘를 설치한 자는 관습상 그 토지 위에 지상권과 유사한 일종의 물권을 취득하게 된다.
3. 타인 소유의 토지에 소유자의 승낙 없이 분묘를 설치한 경우에는 20년간 평온, 공연하게 그 분묘의 기지를 점유하면 지상권과 유사한 관습상의 물권인 분묘기지권을 취득한다.

경매 입찰자로서 가장 문제가 되는 경우가 바로 첫 번째 사항이다. 본인 소유의 토지에 분묘를 설치한 후 토지가 경매로 넘어갈 경우에 분묘를 이장한다는 특약을 하지 않기 때문이다.

세 번째 사항은 허락을 구하지 않았더라도 타인 소유의 토지에 20년간 설치되어 있었다면 분묘기지권이 인정된다는 것인데, 2001년 1월 13일 장사법이 시행된 이후에는 타인 소유의 토지에 허락을 구하지 않은 분묘는 분묘기지권을 주장할 수 없다. 그렇기 때문에 이제는 타인의 토지에 분묘를 몰래 설치하고 20년이 지났다 하더라도 분묘기지권이 인정되지 않다.

분묘기지권이 인정되기 위해서는 반드시 봉분 등의 묘를 알리는 표시가 있어야 한다. 평장되어 있거나 암장되어 있는 묘, 실제 유해, 유발, 시신 등이 안치되어 있지 않은 가묘는 분묘기지권을 주장할 수 없다. 이는 시효로 인한 취득과 관련이 깊다. 20년 전 몰래 암장해놓고 분묘의 존재를 알리며 기지권을 주장한다면 기지권이 성립될 수밖에 없기 때문에 반드시 봉분이 있어야 한다.

분묘기지권의 존속기간과 지료의 지급 여부

94다28970 판결에 따르면 분묘기지권의 존속기간은 민법의 지상권에 관한 규정에 따를 것이 아니라 당사자들 사이에 약정이나 특별한 사정이 있으면 이를 따르며, 사정이 없는 경우에는 권리자가 분묘의 수호와 봉사를 계속하며 그 분묘가 존속하는 동안은 분묘기지권이 존속한다고 해석하는 것이 타당하므로 민법 제281조에 따라 존속기간을 5년간으로 보아야 하는 것은 아니라고 했다. 즉, 분묘의 수호와 봉사를 계속하는 사람이 있다면 분묘기지권은 계속 존속한다. 그러나 2001년 1월 13일 장사법 시행 이후 모든 분묘의 기본 설치기간은 15년이며, 소정의 절차를 거쳐 최고 3회에 걸쳐 15년씩 연장해 이용할 수 있게 되었다. 그렇게 최장 60년까지 분묘를 설치할 수 있다(단, 지방자치 조례에 의해 연장 기간 단축 가능).

그렇다면 분묘기지권이 성립하는 경우 지료를 지급해야 할까? 94다37912 판결에 의하면 지상권에 지료의 지급은 포함되어 있지 않기 때문에 지료에 관한 약정이 없는 이상 지료의 지급 의무가 없다. 그러므로 분묘기지권을 시효 취득하는 경우에도 지료를 지급할 필요가 없다고 볼 수 있다. 분묘기지권의 성립 조건 중 첫 번째와 세 번째 사항의 경우 지급 의무가 없다고 보았지만, 2020다295892 판결에서는 첫 번째 사항에서도 지료를 지급해야 한다는 2017다228007 판결에서 세 번째 사항인 20년으로 인한 시효취득의 경우에도 지료를 지급해야 한다는 판례가 나왔다.

두 번째 사항의 경우 지료를 내기로 약정했다면 당연히 지급해야 할 의무가 있다.

분묘기지권이 성립되는 토지에 합장을 할 수 있을까?

대한 처리 방안이 마련되지 않은 상태에서 함부로 분묘가 있는 토지를 낙찰받아서는 안 된다.

01다28367 판결에 따르면 분묘기지권은 분묘를 수호하고 봉사하는 목적을 달성하는 데 필요한 범위 내에서 타인의 토지를 사용할 수 있는 권리를 의미하는 것으로서, 이 분묘기지권에는 그 효력이 미치는 지역의 범위 내라고 할지라도 기존의 분묘 외에 새로운 분묘를 신설할 권능은 포함되지 않는다고 했다. 부부 중 한 사람이 먼저 사망해 이미 그 분묘가 설치되고 그 분묘기지권이 미치는 범위 내에서 그 후에 사망한 사람을 합장해 분묘를 설치하는 것은 허용되지 않는다.

경매물건에 분묘가 있는 경우, 어떻게 할 것인가?

경매로 나온 토지 중에 가묘가 있는 경우가 상당히 많다. 그러나 일반인들은 이 묘가 가묘인지 진묘인지 구분하기가 매우 어렵다. 그렇다면 이 묘에 대한 수호자가 누구인지부터 먼저 알아보아야 한다. 가장 빠른 방법은 동네 이장에게 물어보는 것이다.

만약 묘의 수호자를 찾았다면 낙찰받기 전에 미리 합의를 진행해야 한다. 아무래도 현 소유자가 묘의 수호자일 가능성이 크다. 혹시 무연고라고 한다면, 낙찰 이후에 동네 주민들에게 무연고분확인서에 서명을 받은 후 읍·면사무소에 제출하면, 묘에 대한 이장공고를 낸 후에 묘를 이장시킬 수 있다. 이처럼 절차가 필요한 만큼, 사전에 묘에 대한 처리 방안이 마련되지 않은 상태에서 함부로 분묘가 있는 토지를 낙찰받아서는 안 된다.

유치권이란 어떤 권리인가?

 어떤 물건을 담보로 채권이 변제되기 전까지 그 물건을 유치할 수 있는 권리를 '유치권'이라고 한다. 일상생활에서도 유치권이 존재한다. 시계가 망가져서 수리점에 맡기게 되면 시계수리점 주인은 시계에 대한 수리대금을 변제받기 전까지 이 시계를 유치할 수 있는데 이를 유치권이라 한다. 세탁소에 세탁물을 맡기는 경우, 카센터에 자동차 수리를 맡기는 경우도 유치권이 성립된다.

 다만 부동산에서 유치권은 공사대금으로 발생한다. 공사업자들이 공사를 해주고 공사대금을 받기 전까지 부동산을 유치하는 것을 유치권이라 하는데, 부동산을 유치한다는 개념은 그 부동산을 점유하는 것을 말한다.

 유치권은 흔히 동시이행항변권과 비교를 많이 한다. 동시이행항변권은 상대방이 채무이행을 하기 전까지는 나 역시 채무이행을 거절할 수 있는 권리를 말한다. 즉, 서로가 서로에게 채무이행 관계에 놓여있는 것을 말하는데, 채권계약으로서 상대방이 이행하지 않으면 나 역시도 이행하지 않을 수 있는 권리를 갖는다.

대표적인 동시이행항변권은 바로 매매계약이 해당한다. 매매계약을 할 때 매도자는 잔금을 받기 전까지 등기를 이전할 수 있는 서류를 넘겨주지 않아도 된다. 반대로 매수자는 등기이전 서류를 받기 전까지는 잔금을 치르지 않을 수 있다. 바로 동시이행관계로 함께 이행하는 것이다.

▶ **동시이행항병권과 유치권 비교**

구분	동시이행항병권(채권)	유치권(물권)
발생 원인	쌍무계약에서 선이행 불공평 보완	어떤 물건이나 유가증권으로 발생
거절본능	채무이행 거절	인도 거절
거절이행 한도	상대의 채무이행 전까지	채권변제 시까지
경매권	X	O
소멸 사유	사유에 의한 소멸은 없음	1. 점유 상실 시(경매기입등기 전부터 점유해야 함) 2. 의무 위반 시 3. 타담보 제공 시

한편 유치권은 사람에 대한 청구권을 가지는 것이 아니라 물건에 의해 발생하며 그 물건에 대한 청구권을 가지고 채권이 변제되기 전까지 인도를 거절할 수 있다. 동시이행항변권은 채권관계이기 때문에 경매를 신청할 수 있는 권리가 없지만, 유치권은 물건에 대한 권리로 채권이 변제되지 않으면 인도를 거절할 수 있고 물건에 대한 경매를 신청할 수 있다. 다만 유치권이 존재하는 판결을 받았을 경우에만 경매 신청이 가능하다.

동시이행항변권은 사유에 의해 소멸하는 경우가 없다. 하지만 유치권은 사유에 의해 소멸하는 경우가 발생한다.

1. 유치권자가 점유를 상실하면 유치권 소멸 사유가 된다. 유치권은 곧 점유다. 반드시 경매기입등기 이전부터 점유해야지만 인정된다.
2. 유치권자의 의무 위반 시 소멸 사유가 된다. 유치권자는 채무자의 승낙 없이 유치물의 사용, 대여 또는 담보 제공을 하지 못한다.
3. 타담보 제공 시 소멸 사유가 된다. 다른 담보를 제공하고 유치권의 소멸을 청구할 수 있다.

유치권을 주장하기 위해서는 반드시 채권의 변제기간이 도래해야 하고, 유치목적물과 채권과의 견련성이 있어야 한다. 예를 들어 A가 B

에게 3억 원을 빌렸는데 A가 이 채무를 변제하지 않고 있는 상태에서 A의 부동산이 경매로 진행되었다면 B가 못 받은 3억 원을 빌미로 유치권을 주장할 수는 없는 것이다.

그래서 견련성에 해당하는 것이 바로 공사대금 채권이다. 공사대금은 그 부동산으로 발생한 권리이기 때문이다.

유치권의 종류에는 민사집행법 제91조 5항의 유익비와 필요비가 있다. 유익비란 부동산의 가치를 증가하는 데 있어 지출된 비용이고, 필요비란 부동산을 유지하고 보수하는 데 지출된 비용이다. 이 유익비와 필요비는 임차인이 주장하는 권리인데, 우선상환권이 있으므로 경매절차에서 가장 먼저 배당을 받을 수 있다. 단, 반드시 법원에서 인정을 받아야 가장 먼저 배당을 받는데 통상적으로 유익비와 필요비가 법원에서 인정을 받는 경우는 극히 드물다. 그렇기 때문에 결국 낙찰자에게 주장하는 유치권이 된다.

유익비의 경우 객관적으로 가치가 증가해야 하는데, 특히 상가에서 가장 많이 발생한다고 볼 수 있다. 상가임차인들이 인테리어 비용을 지출하고 추후 경매가 진행되면 이에 대한 유치권 신고를 하는 것이다. 그러나 일반적으로 인테리어 시공에 따라 객관적인 가치가 증가했다고 볼 수는 없기 때문에 상가임차인들의 유익비는 성립되지 않는 경우가 대부분이다. 또한 임대차계약서의 원상복구조항 때문에 임차인들의 유치권은 성립되지 않는다. 이렇게 인정되기 어렵다 보니 임차인들 입장에서는 다른 제삼자를 끌어들여 유치권을 주장하게 하는 경우가 많다.

즉, 공사를 해주고 돈을 못 받았다고 주장하는 사람이 나타나는 것이다. 이렇게 주장하는 유치권은 바로 민법 제367조의 건설유치권이 된다. 이 유치권이 바로 흔히 얘기하는 공사대금에 대한 유치권이다.

주택에서 유치권

아파트, 빌라 등 내가 입찰하고 싶은 주택에 유치권 신고가 들어가 있다고 가정하자. 만약 이 유치권 신고자가 임차인이라면 유익비나 필요비에 관한 것일 가능성이 크며, 임차인이 실제로 거주하고 있으므로 유치권에서 가장 중요한 점유요건도 법률적인 측면으로만 생각한다면 성립될 가능성이 크다. 그런데 유치권자가 임차인이 아닌 다른 사람이라면 이는 건설유치권에 속하는데, 이 경우에는 어떻게 해야 할까?

유치권에서 가장 중요한 것은 점유다. 그렇다면 반드시 이 건설유치권자는 해당 부동산을 점유하고 있어야 한다.

만약 본인이 사는 집의 인테리어 공사를 했다고 가정해보자. 인테리어 공사비를 주지 못했다고 해서 미안한 마음에 유치권자들에게 집을 내어 줄 것인가? 점유를 내어주는 경우는 99.9% 없다고 할 수 있다.

유치권자는 채권을 변제받지 못했다고 해서 해당 부동산의 점유를 뺏을 수 없다. 이는 형법 제319조 주거침입죄에 해당하고, 불법적인 점유는 유치권자의 점유를 인정하지 않는다.

실제 점유를 하고 있다면?

그렇다면 건설유치권자가 주택을 점유하고 있는 경우는 어떨까? 바로 소유자가 만들어놓은 가짜 유치권이라고 할 수 있다. 경매물건의 유치권 중 80~90%는 가짜라고 할 수 있다. 채무자 입장에서는 유치권자가 있으면 시간을 끌기 좋고, 또 낙찰자에게 합의금을 뜯어내기 가장 쉬운 수단 중 하나다. 이를 통해 주택에서 임차인의 유익비나 필요비에 관한 유치권은 성립될 가능성이 그나마 조금 있지만 건설유치권은 성립 자체가 어렵다고 보는 게 맞다. 하지만 신축 아파트, 신축 빌라 등의 신축 건물에서는 건설유치권이 성립되는 경우도 많다. 하도급업체들이 채권을 변제받지 못한 경우 해당 부동산을 점유하면서 유치권을 주장하는데, 실제로 받지 못한 채권이라 하더라도 점유요건을 채우지 못해 유치권자들이 소송에서 패소하는 경우가 많다. 최근 바뀐 법에 의하면 완공된 건물에 대해서는 유치권을 주장하지 못하고 근저당 설정으로 대체한다는 결정이 있으므로 이 점을 참고하도록 하자.

은행에서는 토지를 담보로 대출 시 시공사들의 유치권 포기각서를 받는 경우가 많다. 유치권자들에 의해 낙찰가가 떨어져서 채권자들의 채권 회수가 어려운 상황이 종종 발생하기 때문에 이를 방지하기 위한 조치다. 이 부분을 확인해 보는 것도 방법이 된다.

유치권이 있다면 어떻게 해야 할까?

유치권이 있는 물건을 낙찰받고자 할 때 입찰자는 가장 먼저 무엇을 해야 할까? 당연히 해당 부동산을 탐문해 유치권자의 점유 여부 등을 먼저 확인해야 한다. 이렇게 유치권을 조사하다 보면 대부분은 점유 자체를 하지 않는 유치권자들이 많다. 만약 유치권자가 점유하고 있다면 유치권자를 만나서 어떻게 발생한 채권인지, 금액은 얼마인지 등 유치권에 관한 내용을 조사해보아야 한다.

그다음으로 누구를 만나야 할까? 유치권을 가장 싫어하는 사람은 바로 채권자다. 그렇다면 채권자를 만나 이에 대한 정보를 얻을 수도 있을 것이다. 유치권자들은 유치권에 관련된 서류를 법원에 제출하는데 입찰자는 이해관계인이 아니기 때문에 열람할 수 없다. 하지만 채권자는 이해관계인이기 때문에 이에 대한 서류 열람이 가능하다. 물론 개인정보보호 때문에 쉽게 이 내용을 복사해주거나 알려주지는 않지만 입찰자의 노력 여하에 따라 얻고자 하는 정보를 어느 정도 얻을 수도 있으므로 이 점을 잘 활용하도록 하자.

해당 물건에 유치권 신고가 있는데 가짜일 가능성이 농후한 경우에는 채권자인 근저당권자들이 법원에 '유치권 배제 신청'을 하는데, 이는 법률적인 효력이 있는 것은 아니고 훗날 소송 시 참고자료가 될 뿐이다. 하지만 이렇게 유치권 배제 신청이 있는 경우에는 유치권이 신고만 되어 있는 가짜 유치권인 경우가 많다.

유치권, 소송으로 가야 하는가?

임차인의 유익비와 필요비는 법원에서 인정을 받으면 가장 먼저 배당받는 우선상환권을 갖는다고 이야기했다. 그렇다면 법원에서 인정받지 못한 유익비와 필요비에 관한 부분은 낙찰자가 인수해야 할까? 그렇다. 인수해야 한다. 다만 여기에서 인수란 인적 채무를 인수하는 게 아니라 부동산상의 부담을 승계하는 것이다. 유치권에 대한 권리는 낙찰자가 떠안고 가야 하는 것이다. 다만 이 유치권자의 채권을 변제해야 하는지는 소송을 통해 결정된다. 이는 건설유치권도 마찬가지다.

소송에서 유치권자가 승소한다면 낙찰자가 물어줘야 하고, 유치권자가 패소한다면 당연히 낙찰자는 물어줄 필요가 없다. 그래서 필자는 유치권을 '협의하는 권리'라고 이야기한다. 소송을 한다면 그만큼 상당한 시간이 소요될 것이고 그 기간에 점유할 수 없으며, 유치권으로 인해 대출에도 제약을 받는다. 그렇기 때문에 소송으로 가기보다는 가짜라 하더라도 잘 협의해 마무리하는 것이 가장 좋은 방법이다.

다만 협의하는 데 있어서 유치권이 성립되지 않는 부분에 대해 충분히 어필할 수 있다면 협의하는 데 우위를 점할 수 있을 것이다.

낙찰자가 패소한다면 유치권자의 채권 변제는?

유치권에 관한 판례(95다8713 판결)를 보면 민사소송법 제728조에 의하여 담보권의 실행을 위한 경매 절차에 준용되는 같은 법 제608조 제

3항은 경락인은 유치권자에게 그 유치권으로 담보하는 채권을 변제할 책임이 있다고 규정하고 있다. 여기서 '변제할 책임이 있다'는 의미는 부동산상의 부담을 승계한다는 취지로서 인적 채무까지 인수한다는 뜻은 아니다. 유치권자는 피담보채권의 변제가 있을 때까지 경락인에게 유치 목적물인 부동산의 인도를 거절할 수 있을 뿐이고, 그 피담보채권의 변제를 청구할 수는 없다고 되어 있다. 그러므로 유치권자는 낙찰자에게 채권에 대한 변제를 청구할 수 없고 인도만 거절할 수 있을 뿐이다. 결국 채권에 대한 변제의무는 낙찰자가 갖게 되지만 낙찰자가 채무자의 입장이 되지는 않는다.

반드시 사람이 24시간 점유하고 있어야 하는가?

점유에 대한 판례(95다8713 판결)에서 점유라고 함은 그 물건이 사회 통념상 그 사람의 사실적 지배에 속한다고 보이는 객관적 관계에 있는 것을 말한다. 사실상의 지배가 있다고 하는 것은 반드시 물건을 물리적, 현실적으로 지배하는 것만을 의미하는 것이 아니라 물건과 사람과의 시간적, 공간적 관계와 본권 관계, 타인 지배 배제 가능성 등을 고려하여 사회통념에 따라 합목적적으로 판단하여야 한다고 되어 있다.

꼭 사람이 점유를 해야 점유가 인정되는 것은 아니다. 현수막을 걸어놓고 유치권을 행사하는 것은 인정이 될 수도 있고 안 될 수도 있다.

사실적으로 지배하고 있고 타인 지배 배제 가능성까지 고려했을 때 시간적, 공간적인 관계까지 봐야 하는 부분이기에 단순히 현수막만 걸어 놓거나 또는 열쇠만 가지고 있다고 해서 무조건 점유로 인정될 수는 없다.

경매 신청 이후에 유치권이 들어왔다면?

유치권이 신청되어 있으면 이에 대한 내용은 매각물건명세서에서 확인할 수 있다. 매각물건명세서는 입찰기일 일주일 전에 볼 수 있는데, 매각물건명세서가 일단 오픈이 되면 중간에 변동사항이 있어도 입찰기일까지 그 내용을 변경하거나 수정하지 않는다. 그렇다면 매각물건명세서가 오픈된 후에 들어온 유치권 신청을 받아주는지 받아주지 않는지 한번 살펴보자.

유치권 신청이 매각물건명세서 작성 전에 이루어져야 입찰자는 매각물건명세서에서 유치권 존재 여부를 확인할 수 있다. 만약 매각물건명세서가 나오고 나서 입찰기일 일주일 사이에 유치권 신청이 들어오고 그 유치권의 신청을 받아준다면 이 유치권에 관한 내용이 매각물건명세서에 나오지 않는 것은 당연하다. 그렇다면 그 사이에 유치권 신고가 들어올 경우 법원은 이 유치권 신고를 받아줄까?

받아준다. 받아준 후에 매각 기일을 연기해서 새 입찰기일을 잡고 매각물건명세서에 표기를 해야 하지만 그렇게 한다면 너도나도 이 점을 악용해서 입찰을 지연하는 경우가 발생한다. 그렇기 때문에 법원에서는 기일을 연기하지 않고 예정대로 매각을 진행하고 시작 전에 주의사항으로 집행관이 나와서 이 사건에 대해 유치권 신고가 있음을 알린다. 만약 이 내용을 듣지 못하고 낙찰받은 후 유치권 신고가 있었다는 것을 알게 된다고 해도 매각불허가사유가 되지 않는다.

다만 입찰자는 입찰 당일 법정 게시판을 통해 해당 사건번호 옆에 '유치권'이라고 쓰여있는 것을 확인할 수도 있다.

낙찰받고서 일주일 뒤 매각허가결정이 나기까지 유치권 신고가 들어온다면 이 경우에도 법원에서 유치권 신청을 받아줄까? 이 역시 받아준다. 이때 낙찰자는 매각불허가 신청을 통해 보증금을 돌려받을 수 있다. 이는 민사집행법 제121조 6호에서 말하는 '부동산에 관한 중대한 권리관계 변동' 사유가 되기 때문에 매각불허가를 통해 보증금을 돌려받을 수 있다.

매각허가결정이 나고 일주일 뒤 결정선고를 하기 전에 유치권 신고가 들어왔다면 이 경우에도 유치권 신고를 받아줄까? 받아준다. 이때 낙찰자는 매각허가결정취소 신청을 통해 보증금을 회수할 수 있다.

결정선고가 난 후 잔금 납부 이전에 유치권 신고가 들어온다면 이 경우에도 유치권 신고를 받아줄까? 이 경우에도 받아준다. 낙찰자는 결정선고 취소 신청을 통해 보증금을 돌려받아야 할 것이다.

그렇다면 잔금 납부 이후 소유권이전등기까지 마친 상태에서 유치권 신고가 들어온다면 이 경우 유치권 신고를 받아줄까? 역시 받아준다. 낙찰자는 매각 취소를 신청을 통해 배당된 금액에 대한 부당이득금 반환청구소송을 진행해 낙찰대금을 돌려받아야 한다.

이렇듯 유치권은 반드시 신고해야만 성립되는 권리는 아니다. 채권의 변제기간이 도래했고 부동산과 채권과의 견련성이 있으며, 부동산에 경매기입등기 이전부터 점유를 하고 있다면 성립될 수 있다. 경매기입등기 이전부터 점유를 해야 하는 것이지 경매기입등기 이전에 유치권 신청을 해야 하는 것은 아니다.

낙찰 이후에 신청한 유치권이 만약 허위 유치권이라면 이는 형법 제315조 입찰방해죄가 성립되기 때문에 이 점을 가지고 대응하면 된다.

요즘 법원에서는 허위 유치권에 대한 대처가 단호하기에 낙찰자 입장에서는 예전과 달리 순조롭게 진행할 수 있다. 이러한 점들을 잘 참고하여 해당 부동산에 직접 방문해 점유 여부, 채권의 발생 원인 등을 잘 분석하고, 협의로 이끌어가는 것이 가장 좋은 방법이다. 또한 허위 유치권자에 대해서는 손해배상청구도 가능하므로 이 점도 협의할 때 유용하게 이용하길 바란다.

참고로 유치권자와의 소송에서 패소해 유치권자의 채권을 변제해야 하는 경우에는 부동산 매도 시 양도세 과표에 포함된다. 그러나 유치권자와 협의해 변제해준 금액은 나중에 부동산 매도 시 양도세 과표에 포함되지 않는다.

명도,
알고 보면 어렵지 않다

내가 피해를 보더라도 남에게 전혀 피해를 입히고 싶지 않은 사람, 상대방이 피해를 보든 말든 나만 중요하게 생각하는 사람, 불가피하게 상대방에게 피해를 입히면 양해를 구하고 미안한 마음을 가지는 사람 등 사람의 성향은 전부 다르다. 그래서 사람을 상대하는 일은 매우 힘들고 피곤하다. 경매로 낙찰받은 집에 점유하고 있는 사람들을 내보내는 것을 '명도'라고 하는데, 사람을 상대해야 하는 일이라 많은 사람이 명도를 굉장히 어렵게 생각한다. 심지어 명도가 싫어서 경매를 하기 싫다고 말하는 사람도 있다.

우선 낙찰받은 후의 진행 과정을 살펴보자. 잔금 납부와 동시에 소유권이전등기를 한 후 명도를 진행하게 되는데, 명도에는 인도명령 대상과 명도소송 대상이 있다.

인도명령 대상이란 부동산을 점유할 권원이 없는 사람을 말한다.

즉, 낙찰 이후에 그 부동산에서 나가야 하는 사람들을 뜻한다. 소유자가 대표적인 인도명령 대상이며, 후순위 임차인과 권원 없이 점유하는 자 역시 인도명령 대상이다. 이런 인도명령 대상자들은 인도명령 이후에도 협의가 되지 않아 나가지 않을 경우 강제집행을 통해 내보낼 수 있다.

배당받는 임차인은?

후순위라 하더라도 배당을 받는 임차인의 경우 배당기일 이후로 인도명령결정이 나는데 이 점을 꼭 명심하길 바란다. 법원마다 차이는 있지만 배당을 전혀 받지 못하는 임차인이라도 배당기일 이후로 인도명령 결정을 하는 경우가 있다. 만약 빨리 이전받고 싶다면 배당받지 못하는 부분을 강조해 인도명령 신청을 하면 배당기일 이전에 인도명령 결정이 날 수 있으므로 참고하자. 다만 배당받는 임차인의 경우 반드시 낙찰자의 인감증명서와 명도확인서가 있어야 배당을 받을 수 있다.

그러므로 명도확인서, 인감증명을 주는 것과 부동산 인도를 받는 것을 동시이행조건으로 하면 될 것이다. 선순위 임차인도 반드시 명도확인서가 있어야 배당받지만, 선순위 임차인 중 일부만 배당을 받는 경우 그 일부 배당에 대해서는 명도확인서가 필요하지 않다.

배당을 받는 임차인과 협의 시 가장 좋은 방법은 배당기일을 이사 날짜로 잡아서 진행하는 것이다.

　이렇게 배당기일을 이사 날짜로 잡아서 동시이행조건으로 진행하면 좋지만 임차인의 이사 일정이 늦게 잡히는 경우가 종종 발생한다. 이런 경우 명도확인서와 인감증명을 먼저 줘도 될까? 이 부분에 대해서는 정답이 없다. 필자는 다만 "입장을 바꿔서 생각해보라."고 이야기한다. 가장 걱정되는 것은 임차인이 배당도 받고 안 나가는 것인데, 여러분이 임차인 입장이라면 과연 어떻게 할 것인가?

　임차인은 어차피 인도명령 대상이고, 버틴다고 해서 버틸 수 없다는 것을 이미 잘 알고 있다. 배당까지 받고 안 나간다고 하더라도 결국 강제집행을 통해 내보낼 수 있으니 그 기간이 길어야 한두 달 정도이다. 만약 이사 날짜가 뒤늦게 잡혔을 경우 임대차계약서를 확인해 실제 그 날짜에 이사하는 것이 맞는지 등을 확인한다면 실제로 그 약속을 지키지 않는 경우란 만나기 쉽지 않다. 정 불안하다면 이에 대한 확인서를 한 부 작성하는 것도 한 가지 방법이다.

"○○년 ○○월 ○○일에 부동산을 인도하지 아니하면 낙찰자는 임의로 부동산에 출입할 수 있고 명도를 진행할 수 있으며, 임차인은 이에 대한 아무런 이의를 제기하지 않는다." 이런 글과 열쇠를 한 개 동봉한다면 굳이 배당까지 받은 마당에 나가지 않는 임차인은 없을 것이다. 단, 이렇게 작성한 확인서는 법률적인 효력이 없기 때문에 실제 이

확인서를 빌미로 함부로 부동산을 출입하거나 명도를 진행해서는 안 된다.

인도명령 송달하기

인도명령 대상자와 협의가 되지 않을 경우 강제집행을 진행할 수 있는데, 강제집행을 하기 위해서는 반드시 인도명령 결정문이 송달되어야 한다. 그래서 점유자들이 의도적으로 결정문을 송달받지 않기 위해 피하는 경우도 많다. 일반송달이 2회 동안 이루어지지 않으면 특별송달(야간송달, 주간송달, 휴일송달)을 신청해 송달할 수 있다. 만약 특별송달로도 송달이 안 된다면 공시송달을 통해 송달해야 한다.

이 경우 인도명령 대상자가 해당 부동산에 점유하지 않는 것이기 때문에 점유자의 주민등록을 말소시켜야 공시송달이 가능하다. 이는 해당 부동산의 통장이나 또는 관리실 직원의 불거주확인서를 통해 말소시킬 수 있다. 이 공시송달은 법원마다 조건이 다 다르기 때문에 공시송달 자체가 어려운 곳도 있고, 무난하게 진행해주는 곳도 있다. 그러므로 사전에 이 부분을 잘 알아보고 진행하길 바란다. 낙찰 후에는 반드시 인도명령 신청을 하고 송달이 되도록 진행해야 한다.

강제집행, 어떻게 이루어질까?

인도명령 대상자와 집을 인도받는 문제에 대해 이야기하는데 의견

차이가 커서 도저히 협의할 수가 없다면 강제집행을 통해 점유자를 내보낼 수 있다. 집행관사무소에 가서 강제집행 신청서를 작성한 후 집행비용을 예납하면 법원에서 계고(일정한 기간 안에 행정상의 의무를 이행하지 않을 경우 강제집행을 한다는 내용을 알리는 일)를 나가게 되고, 해당 점유자에게 약 15일에서 한 달 동안 자진해서 나갈 기간을 준다. 계고 시에는 성인 두 명이 참관을 해야 하는데, 신분증을 가지고 함께 참석해야 한다.

만약 이 기간에도 나가지 않는다면 낙찰자는 집행관사무소에 가서 추납 신청 후 비용을 납부하면 된다. 집행관사무소에서는 집행하기 전날 일정에 대한 통보를 한다. 이 강제집행 비용은 법원마다 차이가 있지만 지금은 대략 평당 15만 원 정도 소요된다.

강제집행 시 해당 부동산에 점유자가 있다면 해당 유체동산물품을 집 밖으로 빼내도 되지만, 만약 점유자가 없는 상태에서 강제집행을 한다면 유료 창고 등에 보관해야 하며 운반비와 보관비를 낙찰자가 부담해야 한다. 이 경우 추후에 해당 점유자에게 청구할 수 있지만 실질적으로 청구해서 받기는 어렵다.

강제집행 비용에 대해서도 청구가 가능하다. '집행비용액 확정' 결정을 받아 이 결정문을 가지고 보관하고 있는 유체동산물품에 대해 경매를 신청하고, 매각대금으로 이에 대한 채권을 회수할 수 있다.

보관명도제도와 명도소송 대상이란?

　강제집행 후 점유자가 없다면 유료 창고에 보관해야 하고 이 비용을 낙찰자가 부담해야 하지만, 낙찰된 부동산에 직접 보관할 수 있는 제도가 있다. 바로 '보관명도' 제도다. 보관명도를 신청하게 되면 낙찰받은 부동산의 방 중 한 곳에 물품을 전부 보관할 수 있어 따로 창고비용이 발생하지 않는다. 강제집행 신청 시 보관명도를 하겠다고 먼저 알려주면 된다. 이때 물품을 보관하고 있는 방을 사용해서는 안 된다. 물론 보관명도 중에 다른 곳으로 짐을 옮길 수는 있는데, 이럴 때는 보관장소 변경에 대한 신고만 하면 된다.

　명도소송 대상은 인도명령 대상과 달리 이 부동산에 점유할 권원이 있는 사람을 말한다. 선순위 임차인과 유치권자가 여기에 해당하는데, 이 경우에는 인도명령 신청을 하더라도 인도명령이 기각된다. 그래서 유치권을 협의하는 권리라고 이야기한 것이다. 다만 유치권 신청이 있다 하더라도 신고만 되어 있고 실제로 점유하지 않은 경우에는 인도명령 신청 시 이 부분에 대해 주장하면 인도명령 결정을 내려준다. 또 인도명령 결정이 나더라도 송달 시에 유치권자가 점유하고 있다면 인도명령은 다시 기각된다.

　선순위 임차인의 경우 전액 배당받는 임차인은 인도명령 대상이지만 배당기일 이후에 결정이 난다는 사실을 기억해두길 바란다. 이러한 명도소송 대상자들은 명도소송에서 승소해야만 집행문을 부여받아서 강제집행을 할 수 있다.

인도명령 대상과 명도소송 대상은 낙찰자의 입장에서는 아주 큰 차이가 있을 수밖에 없다. 낙찰 후에 부동산을 인도받는 데 있어서도 시간적으로 차이가 나기 때문이다.

강제집행은 어쩔 수 없는 경우에만 하자

예전에 어떤 여자분이 낙찰받고 난 후의 일을 인터넷에 후기로 쓴 것을 본 적이 있다. 이 여자분은 명도가 너무 귀찮고 두려워 낙찰받자마자 인도명령을 신청했다. 인도명령 결정이 난 후 송달까지 되었는데 상대방을 만나 협의하기가 귀찮고 무섭다는 이유로 바로 강제집행을 신청했다. 이는 과연 올바른 일일까? 개인적으로 이런 분들은 경매를 하지 않았으면 좋겠다고 생각한다. 어디서, 누구에게, 어떻게 배웠는지는 몰라도 이런 식으로 처리하는 것은 굉장히 비인간적인 행동이다.

부동산의 점유자들은 벼랑 끝으로 내몰린 만큼 발버둥을 칠 수밖에 없고 낙찰자에게 무리한 요구를 할 수밖에 없다. 점유자들도 이미 알아볼 만큼 알아보았기 때문에 버틴다고 해서 버틸 수 없다는 것을, 크게 요구한다고 해서 받지 못한다는 것을, 강제집행을 하게 되면 어쩔 수 없이 쫓겨나게 된다는 것을 알고 있다. 단지 너무 억울하기 때문에 낙찰자에게 윽박지를 수 있고, 비협조적으로 나올 수도 있다. 이럴 때 같이 화를 내고 소리를 지르기보다는 인간적으로 접근해서 그들의 아품을 어루만져주면서 타이르는 것이 가장 좋다.

  법률을 어느 정도 알고 있는 필자의 경우 도울 수 있는 부분이 있다면 최선을 다해 도와준다. 실제로 배당이의 신청을 통해 더 많은 금액을 배당받게 해준 적도 있다. 그 사람들 입장에서는 고마운 일이라 협조를 잘해주어 잘 마무리되었다.

  경매로 집을 빼앗긴 소유자나 임차인 등은 나쁜 사람이 아니다. 어떤 분들의 낙찰 후기 글을 읽다 보면 점유자들은 약속을 안 지키고 낙찰자를 골탕 먹이는 나쁜 존재로 묘사가 되어 있는데 필자로서는 굉장히 안타깝게 생각한다. 해당 부동산에 거주하고 있던 사람이나 낙찰자나 모두 똑같은 사람이다. 입장을 바꿔 생각한다면 충분히 이해할 수 있을 것이다. 물론 약속을 잘 지키는 사람도 있고 그렇지 않은 사람도 있다. 내 이익만을 위해서라면 인간적인 면을 배제하고 강압적으로 하는 것이 맞겠지만 사람 사는 것이 다 인지상정(人之常情) 아니겠는가?

  간혹 정말 도저히 말이 통하지 않고 막무가내식으로 버티는 점유자들을 만나면 필자도 어쩔 수 없이 강제집행을 할 수밖에 없다. 하지만 되도록 강제집행을 무기로 앞세워서 접근하기보다는 대화와 협의를 통해 마무리하기 위해 노력하고 있다.

이사비용은 어느 정도가 적당한가?

  자주 듣는 질문 중 하나가 바로 "이사비용은 얼마를 주는 것이 적당한가?"이다. "50~100만 원이다. 큰 평수는 100만 원이고 그 이하는 50만 원이다." 등등 다양한 이야기가 있지만 결론부터 말하자면 정해진 금액과 적당한 금액이라는 것은 없다.

대부분 시세보다 적어도 수천만 원에서 많게는 1억 원 이상 저렴하게 낙찰받았을 것이다. 그런데 50만 원 줄 것을 100만 원 준다고 해서, 100만 원 줄 것을 200만 원 준다고 해서 손해를 볼까?

입찰할 때는 100만 원을 더 쓸지 500만 원을 더 쓸지 1,000만 원을 더 쓸지 고민한다. 이사비용 몇십만 원을 더 주는 것이 아까워서 점유자들과 옥신각신하기보다는 싸게 낙찰받아 기분 좋게 이사비용을 더 줄 수 있는 마음을 가지고 경매를 했으면 한다.

만약 100만 원, 200만 원 정도의 이사비용을 더 준다고 해서 손해를 본다면 애초에 입찰 자체를 잘못한 것이다. 그러므로 부디 이 책을 읽는 경매인들은 이사비용 일이백만 원에 벌벌 떨면서 아까워하지 않았으면 좋겠다. 물론 이익을 극대화하기 위해서라면 그렇게 하는 것이 맞겠지만 이런 마음가짐으로는 경매를 오랫동안 하거나 많은 물건을 입찰하기 어렵다.

명도하기 가장 쉬운 사례는?

1. 소유자
2. 전액 배당받는 선순위 임차인

3. 배당 요구 안 한 선순위 임차인

4. 전액 배당받는 후순위 임차인

5. 일부 배당받는 후순위 임차인

6. 전혀 배당받지 못하는 후순위 임차인

우리가 낙찰받는 부동산에 거주하는 사람들의 유형을 요약하면 이와 같다.

그렇다면 이 중에서 명도하기 가장 수월한 사람은 누구일까? 당연히 전액을 다 배당받는 임차인이다. 통상적으로 이런 임차인의 경우는 집을 비워주고 협의하는 데 문제될 것이 거의 없지만, 이 역시도 사람에 따라 다르다. 사람의 성격은 가지각색이기 때문에 배당을 전액 다 받아 가면서도 이사비용을 요구하며 힘들게 하는 임차인들이 있다.

그렇다면 가장 명도하기 힘든 경우는 어떤 경우일까? 당연히 전혀 배당받지 못하는 임차인이다. 보증금 전액을 날리게 된 상황이기 때문에 당장 길거리에 나앉은 사람도 있을 것이다. 정말 억울한 상황이기 때문에 아무래도 명도하기가 힘들 수밖에 없다.

보통 이런 경우에는 이사비용을 넉넉히 주면서 원만하게 협의하는 것이 좋지만 사람의 성향에 따라 합의하는 게 힘들 수도 있다. 필자의 경우 배당을 전혀 받지 못한 임차인인데도 불구하고 아무런 요구 없이 조용히 나간 사람도 있다. 입찰자는 내가 낙찰받고 싶은 부동산에 어떤 사람이 살고 있는지 알지 못하기 때문에 어떤 사람을 만날지는 한 마디로 복불복이다.

소유자라면 어떨까? 이 역시도 사람의 성향에 따라 다르다. 자기 부동산을 낙찰받아서 돈을 벌었으니 큰돈을 요구하며 그 돈을 주지 않으면 안 나가겠다고 버티는 사람도 있고, '다 내 잘못인데 누굴 탓하겠느냐'며 조용히 나가는 사람도 있다. 다만 소유자가 빚이 많은 경우에는 부동산을 점유하고 있지 않아 만나기조차 힘들 수도 있어 공시송달까지 가야 하는 일이 종종 발생하기도 한다. 이런 경우에는 아무래도 점유를 이전받기까지 상당한 시간이 소요된다.

경매는 남의 아픔을 이용해서 돈을 버는 것이다?

채무자들은 낙찰자에게 고마워해야 한다. 만약 내가 입찰하지 않았다면 2등이 낙찰받았을 텐데, 그렇다면 더 적은 금액으로 채무변제가 이루어졌을 것이기 때문이다. 내가 낙찰받음으로써 더 큰 금액으로 채무를 변제해준 것이 되므로 낙찰자에게 오히려 고마워해야 하는 것이다.

물론 배당을 받지 못하고 보증금을 날려야 하는 임차인들의 경우를 생각하면 조금 안타깝다. 그러므로 앞서 말했듯이 들어줄 수 있는 부분은 들어주고, 들어주지 못하는 부분에 대해서는 잘 설득하고 합의해야 한다. 통보하듯 비워줄 것을 요구하기보다는 인간적인 측면으로 접근해서 되도록 들어줄 수 있는 부분은 들어주는 것이 현명하게 명도하는 방법이 아닐까 싶다.

현장에 직접 나가 조사를 하다 보면 안타까운 사연을 만나는 경우가 많다. 한번은 경매 발표수업 자료를 만들기 위해 수강생들이 조사를 하러 나간 적이 있다. 여자분 네 명이 실제 경매에 나온 아파트에 찾아갔고 그곳에서 어느 할머니를 만나게 되었다. 할머니는 차까지 대접하면서 살아온 이야기를 해주었고, 그 집이 경매에 나오게 된 사연도 들려주었다. 아들이 대출을 받았는데 할머니 본인의 아파트를 담보로 제공해 주었던 것이다. 그런데도 아들은 찾아와보지도 않고, 혼자 힘들게 살고 있다며 하소연을 했다. 경매 때문이지만 할머니는 사람들이 찾아온 것이 반가워 차까지 주면서 이야기를 나눈 것이었다. 이 할머니의 이야기를 들으면서 눈물을 펑펑 흘린 수강생들은 "우리가 낙찰받아서 할머니를 살게 해드리자."라고 이야기하면서 나왔다고 한다.

필자는 개인적으로 이런 사람들은 경매를 하지 않는 게 맞다고 생각한다. 들어줄 수 있는 부분이 있고, 들어주지 못하는 부분이 있다. 경매에 나온 부동산 중에 과연 사연 하나 없는 집이 있을까? 경매로 나오지 않아도 사연 있는 집들은 많다. 상대방의 사연이 슬프다고 해서 낙찰받은 집에 그대로 살게 해준다면 경매에 나온 모든 물건은 그렇게 해야 하는 상황이 나올 수 있다. 해줄 수 있는 부분과 해주지 못하는 부분을 잘 구분해야 한다.

만약 해당 부동산에 짐도 없고 사람도 점유하지 않는다면 점유해도 무방하다고 이야기하기도 하는데 이는 조금 위험한 생각이다. 대법원 판례 중에는 방에 이불 한 장만 깔려 있어도 점유로 인정한 사례가 있기 때문이다.

만약 해당 부동산에 아직 전입이 남아 있는 상태이고 인도명령 결정문이 송달되지 않았다면 함부로 점유해서는 안 된다. 인도명령이 송달된 상태라면 전입이 남아 있다 하더라도 짐이 모두 빠진 상태에서 관리실 직원의 입회하에 점유해야 문제 되지 않을 것이다. 앞에서도 이야기했듯이 짐이 일부라도 남아 있다면 점유를 인정받을 수 있으므로 이점을 꼭 유의하길 바란다.

수익률을 꼭 계산해보라

앞에서도 강조했듯이 감정가를 절대적으로 맹신해서는 안 된다. 감정가 대비 낙찰가 비율인 낙찰가율에 대한 통계를 많이들 참고하지만 감정가는 말 그대로 감정평가사가 평가한 금액이지 실제로 거래되는 시세가 아니다.

법정 감정평가금액은 실제 거래가보다 높게 감정되는 경우가 대부분이다. 만약 감정을 낮게 해서 낮은 금액에 낙찰이 되면 채권자 입장에서는 채권을 전액 회수하지 못하는 상황이 발생할 수 있기 때문이다. 이럴 경우 채권자는 감정평가사를 상대로 구상금 청구를 할 수도 있으므로 법원 감정평가금액은 실제 거래가보다 높을 수밖에 없다.

감정가보다 아무리 싸게 낙찰받는다 하더라도 실제 거래가격과 차이가 없다면 이득이 없기 때문에 이 점을 꼭 기억하자.

가능하면 발품을 많이 팔자

그렇다면 시세를 정확히 파악하는 방법은 무엇일까? 당연히 끊임없이 발품을 파는 것이다. 부동산 시세를 가장 정확히 알고 있는 사람은 바로 해당 부동산 인근의 공인중개인이다. 따라서 발품을 팔아야만 부동산 시세를 정확히 파악할 수 있다. 초보자라면 최소 다섯 곳 이상의 공인중개소에서 시세를 파악하는 게 좋다.

요즘은 경매에 참여하는 사람들이 많기 때문에 공인중개사도 경쟁자가 될 수 있다. 흔치 않지만 간혹 잘못된 정보를 제공하는 경우도 있으므로 꼼꼼히 파악하기 바란다. 아파트와 빌라의 경우에는 국토교통부의 실거래가 사이트(rt.molit.go.kr)에서 최근에 거래된 내용들을 확인할 수 있으므로 참고하면 좋다.

요즘은 예전과 달리 정말 많은 앱이 있어서 활용도가 높지만 참고용으로만 쓰고 직접 발품 파는 것을 절대 게을리하면 안 된다.

공인중개소에서 10억 원의 시세가 형성되어 있다고 이야기하더라도 실제 그 금액에 거래가 되지 않으면 시세라고 할 수 없다. 실거래가 신고내역을 확인해서 최근 거래 내역 등을 꼼꼼히 확인하는 것이 중요하다.

임대를 할까? 매매를 할까?

낙찰받기 전에 임대를 놓을 것인지 또는 매매를 통해 차익을 낼 것인지를 결정해야 한다. 만약 8억 원에 아파트를 낙찰받아 임대를 놓는다고 가정해보자. 흔히 은행에서 대출을 받아 돈을 활용하는 것을 '레버리지'라고 하는데, 이를 꺼려 하는 사람들이 많다. 하지만 레버리지를 통해 수익률을 올릴 수 있는데, 과거 경락대출의 경우 아파트,상가는 80%, 빌라는 70% 대출이 가능했지만 이는 세월이 지나면서 계속 바뀌어 왔다. 그래서 이 책에서는 대출이 어느 정도 가능하지에 대해서는 언급하기가 어렵다. 책이 출간될 즈음에 또 바뀔 수가 있기 때문이다.

다만 과거에는 대출 규제에도 경매는 적용을 받지 않았지만 지금은 경락대출도 일반매매 대출과 똑같이 적용된다고 생각하면 된다.

대출을 많이 받게 되면 월세를 놓아 월세수익을 보고 가는 투자도 있었고 또는 전세가율이 높은 부동산을 받아 갭투자로 가는 투자방식도 있었지만 어떤 투자가 더 낫고 더 좋다고 얘기하기는 어렵다. 정책은 계속 바뀌고 부동산 시장도 계속 바뀌기 때문이다.

한 가지 명심할 점은 수익률에 너무 치중하면 안 된다는 점이다. 가장 중요한 것은 뭐니 뭐니 해도 원금 보존임을 명심하라. 내 투자 원금을 보존할 수 있느냐가 가장 중요한 것인데, 연 15%의 임대 수익이 나는 물건을 2년 보유하다가 매매로 팔려고 내놓았더니 시세가 3천만 원 하락해 있다면? 지금까지의 임대 수익률은 고사하고 투자 원금에 대한 손실이 발생한다. 그러므로 항상 원금을 보존할 수 있느냐를 꼭 따지기 바란다.

매매를 통해 단기 차익을 낼 경우

경매의 장점은 시세보다 저렴한 가격에 낙찰받아서 이를 다시 되팔아 차익을 내는 것이다. 예전과 달리 요즘은 경매를 접하는 인구가 많다 보니 경쟁이 치열하여 단기 차익을 내서 이익을 보기가 여간 어렵지 않다. 실거주가 목적인 사람이 입찰에 참여한다면 낙찰가는 올라갈 수밖에 없고, 단기 차익을 내려는 사람들은 경쟁에서 밀릴 수밖에 없다.

단기 차익을 내는 경우에도 앞의 임대 수익과 마찬가지로 공식은 같다. 3억 원에 아파트를 낙찰받아 대출을 70% 받고 이에 대한 제반 비용이 770만 원이 들어갔다고 가정한다면 다음과 같다.

3억 원-(2억 1천 대출)=9천만 원+770만 원

총 투자금액은 9,770만 원이다. 이를 3개월 만에 3억 3천만 원에 팔았다고 한다면(중계 수수료 제외) 낙찰가 대비 3천만 원이라는 양도 차액이 발생하게 된다(단순계산).

지금은 1년 이내 양도 시에는 양도세가 무려 77%가 붙는다. 따라서 세를 놓고 2년 후에 매도를 해야 양도세율이 줄어든다.

그래서 요즘 경매투자자들이 많이 활용하는 것이 바로 매매사업자이다. 매매사업자는 일반세율로 적용되기에 단기에 매도를 하더라도 매매 차익에 따른 세율을 적용받는다.

매매사업자의 일반세율은 한 건당 적용이 아닌 1년 양도차익이 누적되기 때문에 1년에 대한 총 양도차익에 대한 세율을 생각해야 한다.

매매사업자는 공제 범위도 넓어 개인보다 많이 공제가 된다. 다만 이미 근로소득이 있는 사람들은 다음 해에 종소세신고를 해야 하는데 본인의 연봉까지도 종소세과표에 들어가기 때문에 연봉이 높은 사람들에게는 권하지 않는다. 이 부분을 꼭 세무사와 상담해야 한다.

과세표준	세율	누진세액공제
1,200만원 이하	6%	-
1,200만원 초과 - 4,600만원 이하	15%	108만원
4,600만원 초과 - 8,800만원 이하	24%	522만원
8,800만원 초과 - 1억 5천만원 이하	35%	1,490만원
1억 5천만원 초과 - 3억원 이하	38%	1,940만원
3억원 초과 - 5억원 이하	40%	2,540만원
5억원 초과 - 5억원 이하	42%	3,540만원
10억원 초과	45%	6,540만원

매매사업자도 개인매매사업자와 법인매매사업자가 있으니 장단점을 잘 확인하고 해야 한다. 과거에는 법인매매사업자를 내고 경매를 하는 사람들이 많았으나 지금은 법인의 경우 주택의 취득세가 12%이기 때문에 요즘은 법인매매사업자로 주택을 낙찰받는 사람들은 거의 없다.

단기 차익을 볼 수 있는 물건이 흔하고 쉽다면 누구나 다 경매에 뛰어들어야 할 것이다. 첫 입찰부터 낙찰받는 사람들도 있겠지만 한 번 낙찰을 받기까지 대략 열 번의 패찰을 겪는다. 우리나라 사람들은 성격이 급해서인지 한두 번 입찰해서 떨어지면 이내 실망해서 '경매는 재미가 없다' '경매는 받기 어렵다'라고 결론을 내린다. 그러한 때도 누군가는 수익률을 올리면서 열심히 경매를 하고 있다. 한두 번의 시도로 안 된다고 단념하기보다는 꾸준히 발품을 팔며 노력한다면 좋은 결실을 거둘 수 있을 것이다. 정확히 알고 정확한 분석을 통해 입찰해야 하는 것은 당연한 일이기에 발품만 팔기보다는 이론적인 부분을 꼭 마스터하기 바란다.

나에게 쉬운 물건은 남에게도 쉽고, 내 눈에 좋은 물건은 남의 눈에도 좋다. 결국 이런 물건은 사람들이 몰릴 것이고 낙찰가는 올라갈 것이다. 결국 남들과 다른 시야를 만들려면 꾸준히 공부하고 노력해서 내 실력을 키워야 할 것이다.

실무 없는 이론은 공허하고, 이론 없는 실무는 천하다.

**탄탄하게
시작하는
진짜
경매공부**

1판 1쇄 펴낸 날 2025년 11월 11일

지은이 서승관

펴낸이 나성원
펴낸곳 나비의활주로

책임편집 박선주

디자인 BIG WAVE

전자우편 butterflyrun@naver.com
출판등록 제2010-000138호
상표등록 제40-1362154호
ISBN 979-11-93110-85-0 03320

※ 이 책은 저작권법에 따라 보호받는 저작물이므로 무단 전재와 무단 복제를 금지하며,
　 이 책의 내용을 전부 또는 일부를 이용하려면 반드시 저작권자와 도서출판 나비의활주로의
　 서면 동의를 받아야 합니다.
※ 책값은 뒤표지에 있습니다.
※ 잘못된 책은 구입하신 곳에서 바꾸어드립니다.